LE QUÉBEC
EXPLIQUÉ AUX IMMIGRANTS
de Victor Armony
est le huit cent cinquante-deuxième ouvrage
publié chez VLB éditeur
et le quarante et unième de la collection
« Partis pris actuels ».

D1536492

J'ai rédigé ce livre à la première personne du singulier. Pourtant, l'aventure de son écriture – comme l'aventure de ma vie au Québec – est indissociable des expériences et des réflexions partagées avec ma conjointe, Viviana Fridman. Elle m'a accompagné, soutenu et aidé tout au long du parcours. Ses nombreuses suggestions m'ont permis d'améliorer grandement le manuscrit.

Je remercie vivement Jacques Beauchemin. Il m'a encouragé à écrire ce livre et il en a lu les chapitres au fur et à mesure que je les terminais. Ses commentaires et ses conseils m'ont toujours été extrêmement utiles.

Je veux aussi exprimer ma profonde gratitude à Jules Duchastel. C'est sans doute lui qui m'a le plus appris sur la société québécoise. Je tiens cependant à souligner que mes opinions ne l'engagent en aucune façon.

Robert Laliberté, directeur littéraire chez VLB éditeur, m'a fait profiter de son érudition et de son œil critique. Je lui en suis très reconnaissant.

VLB éditeur bénéficie du soutien de la Société de développement des entreprises culturelles du Québec (SODEC) pour son programme d'édition.

Gouvernement du Québec – Programme de crédit d'impôt pour l'édition de livres – Gestion SODEC.

Nous reconnaissons l'aide financière du gouvernement du Canada par l'entremise du Programme d'aide au développement de l'industrie de l'édition (PADIÉ) pour nos activités d'édition.

Nous remercions le Conseil des Arts du Canada de l'aide accordée à notre programme de publication.

LE QUÉBEC
EXPLIQUÉ AUX IMMIGRANTS

DU MÊME AUTEUR

L'énigme argentine. Images d'une société en crise, Montréal, Athéna Éditions, 2004.

Représenter la nation. Le discours présidentiel de la transition démocratique en Argentine (1983-1993), Montréal/Paris, Balzac/ Le Griot éditeur, 2000.

Victor Armony

Le Québec
expliqué aux immigrants

vlb éditeur

VLB ÉDITEUR
Une division du groupe Ville-Marie Littérature
1010, rue de La Gauchetière Est
Montréal (Québec) H2L 2N5
Tél.: 514 523-1182
Téléc.: 514 282-7530
Courriel: vml@sogides.com

Maquette de la couverture: Anne-Maude Théberge

Catalogage avant publication de Bibliothèque et Archives nationales du Québec
et Bibliothèque et Archives Canada
Armony, Victor, 1964-
    Le Québec expliqué aux immigrants
    (Collection Partis pris actuels)
    Comprend des réf. bibliogr.
    ISBN 978-2-89005-985-6
    1. Québec (Province) – Civilisation – 21ᵉ siècle.   2. Québec (Province)
– Conditions sociales – 21ᵉ siècle.   3. Immigrants – Québec (Province).
I. Titre.   II. Collection.
FC2919.A75   2007   971.4'05   C2007-941483-4

DISTRIBUTEURS EXCLUSIFS:

• Pour le Québec, le Canada
  et les États-Unis:
  LES MESSAGERIES ADP*
  955, rue Amherst
  Montréal (Québec) H2L 3K4
  Tél.: 514 523-1182
  Téléc.: 450 674-6237
  *Une division du Groupe Sogides inc;
    filiale du Groupe Livre Quebecor Média inc.

• Pour la France et la Belgique:
  Librairie du Québec / DNM
  30, rue Gay-Lussac
  75005 Paris
  Tél.: 01 43 54 49 02
  Téléc.: 01 43 54 39 15
  Courriel: direction@librairieduquebec.fr
  Site Internet: www.librairieduquebec.fr

• Pour la Suisse:
  TRANSAT SA
  C. P. 3625, 1211 Genève 3
  Tél.: 022 342 77 40
  Téléc.: 022 343 46 46
  Courriel: transat-diff@slatkine.com

Pour en savoir davantage sur nos publications,
visitez notre site: **www.edvlb.com**
Autres sites à visiter: www.edhexagone.com • www.edtypo.com
www.edjour.com • www.edhomme.com • www.edutilis.com

Dépôt légal: 3ᵉ trimestre 2007
Bibliothèque et Archives nationales du Québec, 2007
Bibliothèque et Archives Canada

*Je dédie ce livre à la mémoire
de mes arrière-grands-parents
Gregorio et María Esther,
et de mes grands-parents
José, Jakob et Anna,
tous des immigrants.*

Avant-propos

La rencontre entre l'immigrant et la société d'accueil comporte toujours un potentiel de tension et de mésentente. Même lorsque toutes les parties font preuve de bonne volonté, il est presque impossible d'éviter les malentendus et les problèmes de communication. Ce n'est pas tant une question de langage – bien que cela puisse représenter une difficulté supplémentaire – comme un décalage sur le plan des codes culturels, des attentes mutuelles et des idées reçues. Le ressortissant local se fait une image de l'immigrant qui, souvent de manière implicite, entraîne une stricte distribution de rôles, de droits et de devoirs. L'immigrant *devrait* faire ceci et *ne devrait pas* faire cela. Comme le propriétaire de la maison, il veut que les règles de l'endroit soient respectées et que l'invité ait la courtoisie de s'adapter au nouvel environnement. L'immigrant, quant à lui, arrive avec son propre bagage d'expectatives, de désirs et de craintes. Il a aussi des préjugés et des prétentions. Bien que je tienne compte des manifestations extrêmes de la tension entre les deux groupes (par exemple, les attitudes racistes et xénophobes), je préfère centrer mes observations sur le vaste univers de leurs rapports quotidiens, souvent difficiles mais non pas ouvertement conflictuels.

Les Québécois ont généralement une image très positive de leur propre société : ils se pensent tolérants, généreux et ouverts à la différence. Bien des immigrants partagent cette perspective, quoique peut-être avec quelques bémols. Il faut souligner que le Québec intègre des dizaines de milliers de personnes chaque année et que, à la différence de ce que l'on voit dans plusieurs pays occidentaux, le tissu social n'a pas connu de déchirements majeurs. Aucun groupe social ou politique québécois significatif ne prône l'arrêt de l'immigration et, encore moins, le renvoi massif des non-citoyens comme le font plusieurs partis d'extrême droite en Europe. Mais il existe aussi une autre lecture, celle-ci moins favorable, de la qualité de l'accueil que certains francophones réservent aux nouveaux arrivants. Il va de soi que, au Québec, la « question nationale » teinte toutes les relations intercommunautaires. L'affirmation identitaire franco-québécoise peut être interprétée par les étrangers comme une attitude de repli. Tout nationalisme peut être vu comme une forme de fermeture à autrui, notamment par ceux qui ont quitté des zones disloquées par la violence ethnique. La volonté affichée par la majorité des Québécois de survivre comme collectivité distincte face à l'immense puissance démographique, culturelle et économique de leurs voisins anglo-saxons se décline parfois dans un discours du ressentiment et de la victimisation qui laisse l'immigrant perplexe. Celui qui choisit le Québec comme terre d'accueil se heurte à une « nord-américanité » différente et, à certains égards, décevante par rapport à l'idée qu'il s'était faite d'une société « avancée » du « premier-monde ». Or, l'idéalisation mène souvent à la frustration et aux récriminations. « Ce n'est pas ce qui nous a été promis ! » À qui la faute ?

Ce livre n'est pas un traité académique ou une étude scientifique, mais un essai sociologique qui reflète mon propre point de vue. Je ne le prétends pas objectif. J'ai cependant tenté d'offrir dans ces pages une vision équilibrée – dans la mesure de mes possibilités – du Québec et des enjeux qui découlent de la rencontre entre la société québécoise et les nouveaux arrivants. Bien que je vise surtout à expliquer le Québec aux immigrants, je pense que cet ouvrage s'adresse aussi aux Québécois qui s'intéressent à l'image que leur société projette vers l'extérieur. En fait, j'aurais bien pu nommer ce livre « Le Québec expliqué *par* les immigrants », car je donne une place privilégiée à la parole des nouveaux arrivants. Je me suis senti autorisé à le rédiger en raison de mon parcours personnel comme immigrant, de mon expérience dans le domaine de la sociologie politique et du fait que, au fil des ans, j'ai produit plusieurs articles, prononcé des conférences et donné des cours sur le Québec et le Canada, l'immigration, les identités collectives, les minorités et le nationalisme.

Argentin de troisième génération, je suis arrivé de Buenos Aires à Montréal comme étudiant étranger en 1989. Je me suis établi plus tard comme résident permanent au Québec. Une fois citoyen canadien, j'ai également habité et travaillé pendant quelques années à Vancouver et à Ottawa. Je suis revenu à Montréal en 2000 pour devenir professeur de sociologie à l'Université du Québec à Montréal. En tant que directeur du baccalauréat en sociologie et du certificat en immigration et relations interethniques de l'UQAM, j'ai la chance de rencontrer tous les jours des gens qui proviennent d'une grande diversité d'horizons culturels. L'enseignement me donne le privilège de fréquenter des étudiants québécois et étrangers. Mes voisins, dans le quartier Notre-Dame-de-Grâce, sont majoritairement des anglophones aux origines les plus diverses. Mes racines sud-américaines m'amènent à entretenir des liens amicaux et professionnels avec beaucoup d'hispanophones du Québec et ma filiation judéo-polonaise me rapproche de la communauté juive de Montréal. Ma réflexion a été alimentée par les innombrables conversations que j'ai tenues dans tous ces contextes au sujet du Québec, du Canada, des relations interculturelles et de l'expérience migratoire. J'ai lu des milliers de messages dans des forums de discussion sur Internet afin de trouver des exemples concrets qui illustrent divers aspects du discours des immigrants. Je me suis également basé sur des entrevues effectuées auprès d'immigrants latino-américains dans le cadre d'un projet de recherche qui comparait les cas de Montréal et de Toronto, ainsi que sur une grande diversité de sources bibliographiques, journalistiques et statistiques.

Je dois souligner ce que ce livre n'est pas. Il n'est pas un manuel pour immigrer au Québec, non plus qu'un ouvrage de référence sur la langue, l'histoire ou l'actualité du Québec (bien que je parle de tout cela au fil des pages). Il s'agit d'un portrait de la société québécoise avec lequel, sans aucun doute, plusieurs Québécois et Néo-Québécois ne seront pas d'accord. Je ne suis pas le premier à tenter de « raconter » le Québec depuis les marges de la majorité d'origine canadienne-française. Ai-je besoin de préciser que je ne prétends nullement faire de leçons aux Québécois et, encore moins, dénigrer leur culture et leur identité ? Je ne veux pas non plus les insulter en adoptant un regard complaisant et paternaliste. Dois-je dire « leur identité » ou « notre identité » ? Je me sens mal à l'aise avec l'usage des pronoms personnels : comme citoyen du Québec, je fais partie du « nous » ; mais j'ai grandi ailleurs et je resterai toujours, inéluctablement, un étranger. Comme la plupart des immigrants, je suis dedans et je suis dehors.

Une dernière remarque. Mes expériences, ainsi que celles de la vaste majorité des immigrants, concernent les centres urbains du Québec et, tout particulièrement, la métropole. Il va de soi que je ne nie pas l'importance des régions dans la société québécoise. Je suis aussi très conscient de la présence des peuples autochtones et de leur spécificité dans le cadre de la société québécoise. Il n'en demeure pas moins que le Québec auquel je me suis intégré et que j'ose « vous expliquer » est celui qui se construit et se transforme sans cesse dans les quartiers de Montréal.

CHAPITRE PREMIER

Choisir le Québec

Qu'est-ce que l'immigrant découvre quand il choisit de s'intégrer à la société québécoise ? Dans ce chapitre, je tente de caractériser le Québec à la lumière des grandes matrices culturelles qui l'alimentent. Son identité est-elle nord-américaine, européenne ou « latine » ?

- Québécois nés à l'étranger : environ 700 000 (0,1 immigrant par natif).

- Québécois issus de l'immigration employés comme directeurs ou cadres dans la fonction publique du Québec : 91 (0,0001 directeur ou cadre par immigrant résidant dans la province).

- Crimes haineux commis annuellement à Montréal : 18 (0,00001 crime haineux par habitant de la ville)[1].

« Le processus d'immigration n'est pas si facile que ça », s'exclame une femme argentine qui s'est pourtant bien intégrée à la société québécoise. Elle trouve que parmi les professionnels qui se sont établis ici, plusieurs sont déçus de ne pas avoir accès au niveau de vie auquel ils aspirent. Ces gens deviennent amers et « adoptent une attitude arrogante, méprisante » envers leur société d'accueil et « cela les empêche de s'intégrer comme il faut ». Une femme venue de l'Uruguay se plaint de l'humiliation subie durant sa recherche d'emploi : « J'ai eu l'expérience d'avoir été jugée et discriminée parce que j'étais immigrante et ce sont des choses difficiles à vivre.» Un immigrant d'origine salvadorienne a l'impression qu'au Québec «les possibilités de participation sont plus limitées pour les groupes ethniques». Selon lui, les Québécois auraient «tendance à fermer les espaces les plus importants aux étrangers». Mais bien d'autres immigrants sont satisfaits d'avoir choisi le Québec. «J'avais de la famille ici et ils m'ont parlé du mode de vie, du respect des droits des citoyens», affirme un exilé nicaraguayen. Un Colombien qui a fui la violence politique dresse, lui aussi, un bilan positif de son parcours: «Je trouve que cette société est, en général, assez tolérante, assez ouverte, assez aimable. Devant la tragédie personnelle d'avoir eu à quitter mon pays, le Québec comme lieu d'arrivée est un bon endroit.» Cette dernière phrase n'est pas la déclaration d'amour et de gratitude que les Québécois aimeraient entendre, mais elle illustre parfaitement le type d'évaluation que la plupart des immigrants font de leur choix.

L'idée de «choisir» est centrale dans l'expérience des migrants. Certains s'étonnent d'une telle affirmation. Surtout dans les pays du Nord, on a tendance à percevoir le phénomène de l'immigration comme le résultat d'un *manque de choix*: les malheureux qui se déracinent le font pour s'affranchir de la pauvreté, de l'oppression ou de la guerre. Le sens commun nous dit, en effet, que rarement l'on quitte sa communauté, sa terre et sa culture si l'on n'est pas forcé par les circonstances. Bien évidemment, cette vision est correcte à certains égards, notamment en ce qui concerne les populations civiles déplacées par les conflits, les catastrophes naturelles et les crises humanitaires. Les «réfugiés économiques» font aussi partie d'une mouvance créée, dans une large mesure, par des facteurs de type structurel. Mais une lecture qui néglige l'individu comme l'élément clé de l'immigration oublie que pour chaque expatrié, des milliers de personnes restent sur place. Ce sont les plus chanceux qui s'en tirent, dites-vous? C'est peut-être vrai dans quelques cas, mais la volonté et la détermination de celui qui se décide à partir vers d'autres horizons jouent un rôle capital dans le processus migratoire. Il ne s'agit surtout pas de tomber dans le piège du darwinisme social que d'aucuns énoncent en cachette : « les plus dynamiques et habiles s'en sauvent, tandis que les autres, moins rapides à s'adapter, restent derrière ». Mais il ne faudrait pas faire pour autant des migrants les sujets passifs d'un jeu planétaire. La sociologie et l'histoire expliquent le sens général des grands courants de migration, mais c'est dans la biographie de chaque migrant que l'on retrouve les raisons ultimes d'un choix toujours subjectif et unique.

Que choisit-on quand on choisit le Québec comme terre d'accueil ? Comment est-on choisi par le Québec pour en devenir ses nouveaux citoyens ? Nous aborderons ces questions dans les prochaines pages. Mais, d'abord, il faudra se pencher sur l'emploi du terme lui-même. Le verbe « choisir » a été dévalué et banalisé par une regrettable dérive hédoniste. Faire un choix, dans les sociétés hyperindividualistes du XXIe siècle, se réduit souvent à poser un geste par lequel notre désir momentané s'oriente vers l'une ou l'autre des options qui nous sont offertes. Le plaisir à la carte n'est pourtant qu'un simulacre de choix. Un vrai choix comporte toujours un renoncement, ainsi qu'un saut dans le vide. La décision de migrer – comme d'autres décisions existentielles – ne se prend pas à partir d'un menu abstrait de possibilités. Elle a lieu dans un contexte où la marge de manœuvre est restreinte, l'information, incomplète et l'incertitude, élevée. L'économicisme contemporain exagère l'importance du « calcul coût bénéfice » dans l'action humaine. Nous ne sommes pas des machines rationnelles et gestionnaires. Cependant, face à un choix qui risque d'affecter intégralement notre vie, nous évaluons ce que nous pouvons gagner et ce que nous pouvons perdre. Ces « calculs » ne se fondent pas que sur nos « intérêts » ni n'obéissent à une mentalité de comptable, comme semblent le penser certains « scientifiques sociaux ». La portée du choix est limitée par beaucoup de conditions et de contraintes, mais c'est un *choix* tout de même. Peu importe si nous oublions volontiers ce qui nous dérange ou si nous nous laissons guider par l'intuition. Nos fantasmes, nos craintes et nos croyances font partie de l'équation. Et, comme pour tout choix, nous arrivons tôt ou tard au moment du bilan et, aussi, du regret. Surtout quand nous réalisons que le prix payé a été immense. La chanson *Adieu, mon pays*, interprétée par le chanteur algérien-français Enrico Macias, traduit bien ce sentiment :

> J'ai quitté mon pays, j'ai quitté ma maison
> Ma vie, ma triste vie se traîne sans raison
> J'ai quitté mon soleil, j'ai quitté ma mer bleue
> Leurs souvenirs se réveillent, bien après mon adieu

Dans son nouveau pays, l'immigrant se sentira parfois comme un enfant embarrassé, incapable de comprendre les codes les plus élémentaires de la vie quotidienne. Il verra son statut, son réseau social, ses compétences s'étioler. Il se trouvera isolé, différent (il aura peut-être une « couleur » ou un « accent ») et ses aptitudes ne seront pas toujours reconnues à leur juste mesure. Dans son ouvrage *Origines*, l'écrivain français d'origine libanaise Amin Maalouf résume magistralement cet aspect du vécu de l'immigrant : « L'émigrant doit être prêt à avaler chaque jour sa ration de vexations, il doit accepter que la vie le tutoie, qu'elle lui tapote sur l'épaule et sur le ventre avec une familiarité excessive[2]. »

Est-il surprenant que les attentes envers la société d'accueil soient alors très grandes, car elles devraient compenser, d'une façon ou d'une autre, la perte subie ? Certains malentendus très répandus découlent de cette réalité. Non seulement la majorité des immigrants ont fait un choix, mais ce choix est actualisé – et cela veut dire aussi remis en question – de manière récurrente. Dans tous les pays qui reçoivent des immigrants on évoque, dans certains milieux, la prétendue « ingratitude » des nouveaux arrivants. « De quoi se plaignent-ils ? Ils devraient nous remercier de les avoir accueillis[3]. » Dans cette perspective, il semblerait que tous les immigrants – sauf ceux de l'Europe de l'Ouest – ont quitté la misère, la hutte en boue et l'obscurantisme. « Comment osent-ils trouver notre système de santé déficient, notre trafic indiscipliné, nos habitudes d'alimentation navrantes et notre éducation publique lamentable?» Christian Raymond, candidat pour l'Action démocratique du Québec a manifesté son exaspération face à l'immigrant qui débarque avec des prétentions: «Ils crevaient de faim chez eux ou ils étaient en guerre, on les laisse venir chez nous, alors il faut qu'ils respectent notre façon de vivre. S'ils ne veulent pas se conformer, qu'ils s'en retournent chez eux. Moi, je leur dis: tu n'es pas chez vous ici, tu es en visite[4].»

Bien que ce type de propos public soit rare au Québec (le candidat a été plus tard congédié par le chef de son parti), il n'est pas inhabituel d'entendre des arguments semblables dans les conversations privées. L'implicite est le suivant: l'immigrant aurait tellement gagné en s'installant «chez nous» – surtout comparativement à ce qu'il aurait perdu en quittant son pays d'origine – que toute plainte serait fantasque ou excessive. Or, cette interprétation minimise l'importance d'un choix qui s'avère déchirant dans la plupart des cas. Pour l'individu qui émigre, le *trade-off* – l'abandon d'un avantage (culturel, émotif) pour en acquérir un autre (surtout économique et sécuritaire) – revêt une complexité que l'on ne saurait ramener à une simple opposition entre un «ici» bon et un «ailleurs» mauvais. Ceci nous conduit à un second malentendu, cette fois-ci du côté des immigrants: celui de l'idéalisation du «premier-monde».

Dans beaucoup de sociétés du «tiers-monde», les gens connaissent (et absorbent) le mode de vie «occidental» à travers la culture globalisée et la consommation de masse. Même si l'on déplore cette dynamique, il est certain que tout ce qui est blanc, blond et anglo-saxon devient pour bien des personnes une sorte d'idéal. Je dis ici «idéal», non pas nécessairement dans le sens d'un modèle à adopter ou d'une figure à affectionner, mais en tant qu'archétype de modernité, d'efficacité et de prospérité. Tout semble bien fonctionner dans les pays du Nord, si l'on se fie à ce que Hollywood nous montre à l'écran: les agents de police sont honnêtes, les technologies sont robustes, les citoyens font poliment la queue et personne ne jette de papier par terre. Même si la plupart des gens ne sont pas naïfs et savent ce qu'est la propagande, l'image d'une société nordique qui serait «supérieure» et «plus avancée» finit par s'imposer. Peut-être avons-nous tous besoin de croire au «rêve américain»? Les commentaires que j'ai le plus fréquemment entendus de la part de ceux qui débarquent ici pour la première fois – immigrants ou visiteurs – concernent ces idéalisations et reflètent le désarroi face à une réalité beaucoup plus médiocre: «Les rues sont aussi sales que dans notre ville!»; «C'est du carton, ça. Ils ne savent même pas comment construire un mur solide!»; «Dis donc, les politiciens canadiens sont plus corrompus que les nôtres!»; «Vous êtes riches, mais on voit plein de clochards partout.»; «Courtois les Québécois, vous dites? Ils ne cèdent jamais leur siège aux vieillards dans l'autobus.» Signalons que parfois ces critiques sont prononcées avec un léger ton de triomphe, comme si le constat de l'imperfection des sociétés du Nord permettait aux gens du Sud de revaloriser les leurs.

*
* *

Le Québec, comme le reste du Canada, a clairement besoin des immigrants. Le recensement de 2006 montre que la population canadienne totale s'est accrue de 5,4 % en cinq ans, alors que celle du Québec a connu une augmentation de 4,3 %. Environ deux tiers d'une telle croissance sont dus à l'afflux des immigrants. Il est intéressant de comparer avec les États-Unis: pour la même période, 60 % de leur croissance démographique a été de type «naturel», c'est-à-dire le résultat des naissances. Non seulement ces données montrent que le Canada est un pays objectivement ouvert à l'immigration, mais l'opinion des Canadiens en est une de grande ouverture: dans un sondage réalisé par Gallup dans treize pays, le Canada ressort comme celui où les perceptions favorables à l'immigration sont le plus répandues. Par exemple, devant la question «Est-ce que les immigrants améliorent la société en apportant de nouvelles idées et cultures?», les Canadiens sont d'accord à

67,2 %, alors que les Étasuniens le sont à 57 %, les Français à 41,3 % et les Britanniques à 33,6 %[5]. Il faut souligner que cette attitude positive des Canadiens envers les étrangers est réciproque. En effet, dans une vaste étude sur l'image de douze pays dans le monde, commandée par la BBC, le Canada obtient la meilleure cote : 54 % des répondants en ont une bonne opinion et seulement 14 % en ont une mauvaise (alors que les États-Unis sont négativement perçus par la moitié des gens sur la planète[6] !). Pour compléter ce portrait, mentionnons qu'une analyse effectuée par l'*Anholt Nation Brands Index* sur les « marques de commerce » des nations constate que les Canadiens sont, avec les Étasuniens, les champions mondiaux de « l'estime de soi ». Cependant, le rapport de l'*Anholt* remarque que l'opinion des Canadiens sur leur propre pays est plus réaliste que celle des Étasuniens sur le leur, car seul le Canada se classe systématiquement, selon l'opinion du reste du monde, parmi les cinq premiers pays dans toutes les catégories (tourisme, exportations, gouvernance, investissement, immigration, culture et population)[7].

L'image extrêmement positive des Canadiens à l'égard des étrangers, des étrangers à l'égard des Canadiens et des Canadiens envers eux-mêmes est sans doute une bonne chose. Pourtant, les attentes excessives de part et d'autre peuvent aussi être source de tensions et de frustrations. La controverse récente – aussi imprévue que virulente – sur les « accommodements raisonnables » (sur laquelle je reviendrai dans le chapitre III) a révélé que, derrière les bonnes intentions affichées par les uns et les autres, se cache parfois une dose d'amertume et de ressentiment.

Une province ou une nation ?

« Je croyais avoir immigré au Canada, mais j'ai vite réalisé que j'avais plutôt immigré au Québec. » Cette phrase – ou l'une de ses multiples variantes – exprime la surprise, et parfois la frustration, de bien des nouveaux arrivants. Certes, le gouvernement

fait des efforts considérables pour souligner le caractère particulier du Québec, surtout en ce qui concerne la langue parlée
par la majorité de sa population. On lit sur la page web du
ministère de l'Immigration et des Communautés culturelles (MICC) que «choisir le Québec, c'est vouloir vivre dans une
société francophone[8]». Ce qui n'est pas dit, mais qui deviendra
évident aussitôt, c'est la distinction à faire entre deux univers
parallèles : le Canada et le Québec. Même le candidat à l'immigration le plus distrait ne pourra s'empêcher de remarquer le
dédoublement du processus d'immigration. Il faut, en effet,
compléter toute la démarche auprès des instances provinciales
avant d'entamer celle auprès des instances fédérales. La nuance
est claire pour les fonctionnaires : dans la catégorie «immigrant
travailleur», le Québec est responsable de la «sélection» des
candidats, alors que le Canada est responsable de leur «admission». Cependant, du côté des hommes et des femmes qui désirent s'établir au Québec, l'impression est souvent celle d'une
déconnexion difficile à comprendre. La première réaction est
tout de même encadrée par le préjugé positif : il est inhabituel,
mais sans doute raisonnable, de passer à travers deux étapes
successives, allant du plus petit (la province) au plus grand (le
pays). En fait, on se dit : «Voilà une preuve de l'admirable décentralisation canadienne.» Mais comment expliquer alors que quelqu'un qui a *déjà* obtenu le visa canadien pour s'établir à Toronto,
Calgary ou Vancouver soit tout de même obligé de demander
a posteriori le permis québécois s'il décide par la suite de porter
son choix vers Montréal?

Voici l'extrait d'un échange tiré d'un forum Internet[9],
comme exemple de la confusion typique que suscite le double
système :

> – J'avoue que je suis complètement perdue! Si je com-
> prends bien, on a deux possibilités, faire un dossier
> pour la partie francophone ou pour tout le territoire?
> Y a-t-il une différence? Les délais? Le coût? Apparem-
> ment, étant française, je peux déposer mon dossier à

Paris même si j'habite au Maroc. Ça, c'est pour tout le Canada. Est-ce différent pour Montréal?

– Quand tu fais une demande pour le Québec, tu es acceptée par le Québec ET le Canada, et tu n'es pas obligée d'aller juste au Québec. Mais si tu veux aller ailleurs au Canada, tu peux juste faire ta demande au Canada. Je ne sais pas si c'est plus court par contre.

– Étant donné que tu es Française, il vaudrait mieux déposer ton dossier au Québec, dit «provincial»; si tu maîtrises l'anglais, tu peux déposer ta demande au Canada, dit «fédéral».

– Vous êtes vraiment sympa de me répondre aussi vite. Je continue dans mes questions bêtes. J'ai trouvé deux sites: un pour le Canada et un pour le Québec. Ce que je ne comprends pas, c'est qu'ils ont chacun leurs propres formulaires!

Une fois le processus enclenché, l'expérience s'avère encore plus déconcertante, même après avoir saisi la dualité Québec-Canada: on se serait attendu à plus de fluidité entre le moment de la «sélection» et celui de l'«admission», mais l'on constate plutôt un manque de communication entre les deux paliers. On a le sentiment de faire face à deux bureaucraties qui ne se parlent pas. Le candidat reste perplexe devant un discours qui, contre toute logique, semble porter sur deux entités indépendantes. Je me rappelle de ma propre expérience: «Ah non, Monsieur, l'examen médical relève du fédéral, vous allez devoir vous adresser à l'Ambassade du Canada pour ça. Ici, à la Délégation du Québec, on n'a pas ces informations.» «Pas du tout, Monsieur, la sélection des immigrants autonomes est une compétence exclusive du Québec; le Canada n'a rien à dire là-dessus.» Comment en est-on arrivé à ce modèle à double entrée? Depuis le début des années 1970, les gouvernements du Canada et du Québec ont signé plusieurs accords au sujet de l'immigration.

En 1978, l'accord Cullen-Couture, unique parmi les provinces, confiait au Québec la sélection des immigrants autonomes[10] (c'est-à-dire ceux qui ne sont pas des réfugiés ou qui ne se prévalent pas du programme de réunification familiale) qui souhaitent résider sur son territoire. Cet accord, reconduit et bonifié en 1991, se fonde sur le partage des compétences fédérales et provinciales prévu par la Constitution canadienne de 1867. Le Québec assume la responsabilité de l'intégration des nouveaux arrivants et indique à Ottawa le nombre d'immigrants qu'il désire accueillir chaque année (dans le but de s'assurer de recevoir, dans la mesure du possible, un nombre d'immigrants proportionnel à son poids démographique au sein de la Confédération). Les responsabilités respectives de chacun – la «sélection» par le Québec et l'«admission» par le Canada – sont clairement définies sur le plan légal et administratif, mais c'est dans les détails que la procédure s'avère kafkaïenne. Il va de soi qu'un tel mécanisme ne manque pas de provoquer des courts-circuits dans la pratique, même lorsque les meilleures intentions sont mises à l'œuvre. Mais nous ne devons pas conclure pour autant que cet arrangement est illégitime ou capricieux. Il est vrai qu'au Canada en général et au Québec en particulier, on semble vouloir se compliquer la vie : les boîtes de céréales bilingues, quand elles sont vendues dans la très anglophone province de l'Alberta, servent de symbole d'un idéalisme que l'on peut trouver absurde et coûteux. Au Québec, les stratégies de francisation donnent lieu à des situations que l'on peut facilement tourner en ridicule : «Une réglementation limite l'usage de l'anglais dans les enseignes publiques et la police de la langue arpente encore les rues, mesurant la taille des lettres pour vérifier que "poulet frit" règne bien sur *fried chicken*[11]. » Mais c'est justement dans ces efforts que l'on découvre une collectivité qui tente d'accomplir un projet de société valable : la construction d'un Québec qui possède les outils et les ressources nécessaires pour préserver et promouvoir sa langue et son héritage culturel.

*

* *

Le Canada est virtuellement le seul pays du monde à pratiquer une politique d'ouverture à l'immigration. Bien évidemment, cela ne veut pas dire que tous ceux qui le veulent peuvent s'installer au pays. Mais, à la différence de presque tous les autres États – y compris ceux dits «multiculturels» –, le Canada offre à tout individu, peu importe son origine ou sa condition, la possibilité de faire évaluer objectivement sa candidature sur la base de critères clairs et explicites. La plupart des pays occidentaux, même ceux qui intègrent des millions d'étrangers, visent surtout la «gestion» d'un problème. Ou, plutôt, de deux problèmes: empêcher l'entrée des «illégaux» et s'occuper des sans-papiers qui sont déjà sur place, soit en normalisant leur statut (de façon temporaire ou permanente, conditionnelle ou définitive), soit en les expulsant. C'est le cas des États-Unis et de l'Union européenne. L'Australie et la Nouvelle-Zélande possèdent des programmes de visas pour les travailleurs qualifiés dans les domaines en forte demande de main-d'œuvre, mais le fameux «système de points» canadien est le seul à ne pas faire des besoins du marché de l'emploi l'élément dominant de sa sélection. Même avec une profession «marginale», vous avez une chance d'être retenu. Au Canada, toute demande d'immigration comme travailleur autonome est cotée en fonction de six «facteurs» de sélection: scolarité, maîtrise des langues officielles, expérience, âge, offre d'emploi et adaptabilité. Le candidat remplit un formulaire et se voit attribuer des points pour chaque rubrique. Par exemple, si vous n'avez qu'un diplôme de secondaire, vous recevez 5 points sous la rubrique «Études». Mais si vous avez complété des études supérieures (maîtrise ou doctorat), vous en obtenez le maximum, soit 25. Le niveau de compétence en anglais et en français se traduit sur une échelle allant de 0 à 24. Vous perdez des points si vous avez moins de 21 ans ou plus de 49 ans (2 points par année). L'adaptabilité est le critère le moins objectif, mais quelques indicateurs factuels (le fait d'avoir étudié ou travaillé au Canada, par exemple) permettent tout de même une certaine uniformisation. Le Québec a ajusté la grille sur la base de ses propres objectifs (en donnant, notamment, une note plus élevée à la connaissance du français). Pas de quotas nationaux ou ethniques. Pas de questions sur votre religion ou sur vos opinions politiques. Du moins en apparence, le système de points canadien est un paradigme de rationalité et d'équité.

Cependant, même si l'on fait abstraction du dédoublement Canada-Québec, ce système est loin d'être parfait. Je ne fais pas allusion aux proverbiales lenteurs administratives, à l'arbitraire de certaines règles ou aux coûts considérables que la démarche entraîne pour les candidats, même pas aux dérapages qui peuvent avoir lieu quand un fonctionnaire doit porter un jugement sur l'adaptabilité – ou la sincérité – des requérants. Ces problèmes sont bien réels et complexes et ils font l'objet de critiques, entre autres, de la part des groupes de défense des droits des immigrants. Je pense plutôt au fait que le système de points produit un effet paradoxal, même si la logique qui le sous-tend est impeccable : attirons les meilleurs, les plus aptes à contribuer à l'essor de notre économie, les mieux disposés à adhérer à notre style de vie. Or, il semblerait que ce ne soient pas juste les « meilleurs » du monde qui veulent venir chez nous, car le Canada a souvent de la difficulté à atteindre son objectif annuel en matière d'immigration « économique » (par exemple, en 2004, 113 442 travailleurs qualifiés ont immigré au Canada, alors que la fourchette prévue se situait entre 119 500 et 135 500[12]). Deux explications s'offrent à nous : (a) nos exigences sont si élevées que peu de candidats sont retenus ; (b) beaucoup de ceux que nous ciblons (les individus les plus scolarisés, expérimentés, adaptables, etc. de la planète) n'ont pas nécessairement le Canada comme premier choix (préférant d'autres destinations). Mais le mystère ne s'arrête pas là. Si ceux qui ont choisi le Canada et que le Canada a choisis ont pris tant de soin à s'estimer mutuellement acceptables, pourquoi tant d'immigrants sont si déçus de leur nouvelle patrie, pourtant censée être le « meilleur pays au monde » (puisqu'il a été classé au premier rang du développement humain des Nations Unies pendant sept années d'affilée, de 1994 à 2000). En effet, beaucoup d'immigrants trouvent que la terre qui leur a été promise ne ruisselle pas de miel et de lait...

Dans les forums de discussion sur Internet, bien des nouveaux arrivants expriment leur frustration face à une société qui ne semble pas vouloir leur donner une chance de réussir. J'ai retenu – et traduit de l'anglais – quelques commentaires particulièrement éloquents – et négatifs – qui ont été envoyés sur un site consacré à la recherche d'emploi au Canada[13] :

> Ne dépensez pas votre énergie au Canada ; faites comme tous les immigrants éduqués qui viennent dans ce pays. Acquérez votre passeport canadien et utilisez-le pour obtenir un visa pour les États-Unis ou l'Europe, ou pour un autre pays où vos talents sont vraiment recherchés.

> J'ai déménagé au Canada en 2003. J'étais un avocat, diplômé de l'une des meilleures universités du Mexique. Durant mon séjour au Canada, j'ai dû faire face à beaucoup d'humiliations et de remarques racistes. J'ai un emploi affreux : je nettoie les planchers cinq jours par semaine.

> Tous les atouts que le Canada possède sont annulés si vous ne pouvez pas obtenir un emploi minimalement décent. Vous finissez dans une grosse usine où vos supérieurs ont décroché au secondaire et où on travaille jusqu'à des heures impossibles pour ne gagner littéralement que quelques sous.

> Si je n'obtiens pas un emploi dans ma profession dans les deux prochains mois, je quitte ce pays pour toujours ! Je me sens escroqué !

Ces expériences ne sont probablement pas représentatives de celles de la majorité de la population immigrante. On peut aussi avancer l'hypothèse que les forums sont surtout investis par ceux qui ont besoin de manifester leur exaspération (car les individus qui se sont intégrés au marché du travail ne sont pas portés à participer à ce type de forums). Il y a également des gens qui ne seront jamais satisfaits et qui se plaindront de tout, n'importe où. Soit, mais il n'en demeure pas moins que les témoignages critiques abondent dans le discours des immigrants. Je les ai entendus systématiquement dans des entrevues et des conversations avec des personnes venant de tous les continents. Certains attribuent le blocage, carrément et sans ambages, au racisme latent des Canadiens. D'autres considèrent qu'il existe une attitude généralisée de discrimination envers ceux qui viennent d'ailleurs. Ce ne serait pas tant l'identité ethnique, religieuse ou nationale en soi qui est mal vue, mais le fait que toute formation et toute expérience acquises à l'étranger sont automatiquement suspectes ou méprisées par les employeurs. Est-ce que cette perception est injuste? Il existe certainement un écart entre les expectatives et la réalité. Un immigrant qui aspire à trouver rapidement un emploi dans son domaine, sans subir aucun recul sur le plan de la reconnaissance des compétences, risque d'être déçu. Beaucoup d'immigrants savent que le temps que prend nécessairement le processus d'adaptation au nouvel environnement doit être vu comme un temps d'apprentissage et d'investissement à long terme. C'est quand cette phase normale d'ajustement ne débouche pas sur une normalisation et un rattrapage que l'on peut signaler l'existence d'un problème. Dans certains cas, le blocage relève de l'individu. Par contre, quand les tendances sont lourdes et statistiquement démontrables, nous sommes bel et bien devant un problème de société: en moyenne, 40 % des immigrants au Canada jugent que leur «bien-être matériel n'a à peu près pas changé entre la deuxième et la quatrième année de leur arrivée[14]». Plus troublant encore: «Parmi les hommes immigrés au Canada entre les âges de 25 et 44 ans, de 1980 à 1996, un sur cinq est reparti dès la première année de son arrivée[15]!» Pourquoi?

Une étude de Statistique Canada montre qu'«essentiellement, au cours des deux dernières décennies, le taux de faible revenu a baissé chez les Canadiens de naissance et augmenté chez les immigrants», une tendance «particulièrement évidente chez les nouveaux immigrants en provenance d'Afrique et d'Asie[16]». Cette étude montre que «les taux de faible revenu chez les "nouveaux" immigrants (établis au Canada depuis moins de cinq ans) ont presque doublé entre 1980 et 1995». Cela veut dire que les immigrants ont eu de plus en plus de difficulté à rattraper l'écart par rapport à la moyenne nationale, cela même si leur période de résidence s'allongeait. Comment expliquer ce phénomène, étant donné que le «système de points» a justement visé à sélectionner objectivement les candidats les plus «adaptables»? Il y a eu certes des moments de récession qui ont réduit les perspectives d'avenir pour les Néo-Canadiens. Mais le paradoxe demeure. Récemment, Radio-Canada consacrait une émission à ce sujet, partant du constat suivant: «Les nouveaux arrivants au Canada seraient plus instruits, mais auraient plus de difficulté à se trouver un emploi qu'auparavant[17].» La question de la reconnaissance des diplômes par les ordres professionnels constitue un enjeu majeur et plusieurs pointent du doigt la mentalité corporatiste d'organismes tels que le Collège des médecins, ou encore l'élitisme excessif des facultés de médecine (qui refoulent la majorité des médecins formés à l'étranger qui présentent leur candidature aux programmes de résidence, même quand ils ont réussi tous les examens requis). Certaines mesures correctives ont été mises en place afin de pallier les injustices flagrantes auxquelles les nouveaux arrivants font face, mais la frustration accumulée est énorme et affecte tous les domaines professionnels. Doit-on se surprendre du fait que la proportion de jeunes immigrants qui quittent le Canada une fois qu'ils ont obtenu la citoyenneté – ce qui leur permet de conserver la double nationalité même s'ils retournent vivre dans leur pays d'origine – ait augmenté dernièrement[18]? Apparemment, le passeport canadien demeure un acquis précieux, mais la vie au Canada semble un bien moins convoité.

Or, qu'en est-il du Québec dans ce contexte? Le portrait que je viens de dresser s'applique parfaitement à la réalité québécoise. En fait, ces mêmes dynamiques ont ici une portée encore plus marquée. Dans les forums de discussion, la dénonciation des pratiques discriminatoires est généralement plus virulente lorsque l'immigrant réfère au Québec. Nous devons, encore une fois, distinguer les perceptions et la réalité. Au-delà des accusations d'«ethnicisme» à l'endroit des Québécois ou des allusions aux dérives fascistes de certains secteurs canadiens-français durant les années 1930 (j'en parlerai dans le chapitre IV), il est clair que certains indices sont troublants. Le journaliste d'origine rwandaise François Bugingo considère que, à certains égards, «la société québécoise fonctionne encore comme un clan[19]». Citons quelques chiffres qui illustrent cette relative fermeture à l'«Autre». Selon l'anthropologue Pierre Anctil, la fonction publique québécoise «ne comptait [en 2003] que 3 % de personnes d'origine autre que canadienne-française[20]». Fo Niemi, cofondateur du Centre de recherche-action sur les relations raciales, signale que lors de l'élection provinciale de 2003, seulement trois candidats issus de minorités visibles ont été élus (2 % du total, alors que les personnes qui déclarent faire partie d'une minorité visible au Québec représentent, selon le gouvernement, 7 % de la population)[21]. Cette situation n'a pas significativement changé lors de l'élection provinciale de 2007.

Pourquoi ce blocage? Rappelons, par exemple, qu'un sondage révèle que les Québécois ont une attitude plus négative envers les musulmans que les Canadiens des autres provinces[22]. Ce n'est pas la première étude qui montre un écart entre le Québec et le reste du Canada en matière de tolérance à l'égard des minorités. Mais, avant de crier au racisme qui serait inhérent aux Québécois francophones – comme certains le prétendent –, explorons d'autres interprétations possibles des données du sondage. On peut, en effet, supposer que les Québécois ont intériorisé une lecture critique de toute forme de religiosité organisée et socialement conservatrice, cela en raison de leur propre rupture collective avec l'Église catholique (au Québec, le taux de fréquentation des églises est le plus bas en Amérique du Nord[23]). Donc, une posture plus laïque et égalitariste pourrait être à la base de cette apparente intolérance. Ou bien, tout simplement, le fait que les Québécois ont moins d'interactions avec l'«Autre», ce qui pourrait les empêcher de mieux comprendre la différence : 47 % d'entre eux n'ont jamais eu de contact personnel avec un juif et 44 % n'ont jamais eu de contact personnel avec un musulman (des pourcentages beaucoup plus élevés que ceux relevés dans le reste du Canada)[24]. Aussi, il est légitime de proposer la thèse que les Québécois sont moins portés que leurs compatriotes anglophones à adopter le vocabulaire de la «rectitude politique». Ils seraient donc plus honnêtes (moins hypocrites?) dans l'expression de leur opinion. Cependant, peu importe l'explication de la particularité québécoise à cet égard (je me pencherai sur cette question dans les prochains chapitres), les immigrants et les membres des minorités auront tendance à trouver dans cette attitude moins accueillante une forme de refus de leur identité et de leur culture. Le multiculturalisme canadien est vilipendé par les élites québécoises qui se réclament du républicanisme (l'écrivain et cinéaste Jacques Godbout soutient que le multiculturalisme est «délétère» et qu'il va «éroder les acquis du Québec[25]»), mais il est généralement vu par la plupart des nouveaux arrivants comme une geste d'ouverture qu'ils apprécient énormément. Un immigrant bolivien d'origine indigène qui s'est établi à Toronto se dit transformé par la société canadienne : «Je suis plus ouvert et je comprends la situation des autres et je ne crois pas avoir une attitude de supériorité [face à ceux qui sont différents]. Tout ça à cause du multiculturalisme.»

Le fait français et le projet souverainiste sont, sans aucun doute, des éléments qui complexifient et, parfois, problématisent l'intégration des immigrants au Québec. Mais cela ne veut pas dire pour autant que la situation soit conflictuelle : avec un taux similaire de citoyens nés à l'étranger (environ 10 %), le Québec se compare plutôt bien à la France ou aux Pays-Bas sur le plan de la cohésion sociale[26]. Je reviendrai plus tard sur la «question nationale». Pour l'instant, je veux tout simplement faire un constat : le Néo-Québécois, surtout s'il est «allophone» (sa langue maternelle n'est ni le français ni l'anglais) est confronté à une exigence supplémentaire sur le plan linguistique. Il doit maîtriser non pas une nouvelle langue, mais deux s'il souhaite maximiser ses chances sur le marché de l'emploi : au Québec, selon Statistique Canada, « les salaires des immigrants qui parlent très bien l'anglais, sans égard au niveau de français, sont généralement plus élevés que ceux des immigrants ne parlant pas bien les deux langues officielles[27] ». Cette « surtaxe » linguistique s'ajoute à d'autres aspects de la société québécoise qui rendent la vie plus difficile aux nouveaux arrivants : taux de chômage et de pauvreté plus élevés que la moyenne canadienne, impôt sur le revenu plus élevé, niveau d'« incertitude politique » plus élevé. L'obligation d'envoyer ses enfants à l'école française peut bien être considérée politiquement légitime, mais bien des immigrants la perçoivent comme une restriction significative à la liberté de choix des parents. Certes, d'autres particularités québécoises s'avèrent avantageuses, notamment en ce qui concerne l'intervention de l'État sur le plan social : garderies subventionnées, congé parental généreux, frais de scolarité universitaires gelés, logement abordable, etc. Mais beaucoup d'immigrants se sentent déçus par la réalité qu'ils trouvent au Québec : « Quand on fait le tri des immigrants dans leur pays d'origine, il faut avoir des études supérieures, de l'expérience… Une fois rendu ici, on se demande bien pourquoi toutes ces exigences, si on n'en tient même pas compte ! », se plaint un homme d'origine roumaine qui n'arrive pas à faire valider ses compétences par l'Ordre des ingénieurs du Québec[28]. Comme le dit Josée Boileau dans *Le Devoir* : « Ce n'est pas que le Québec n'accueille pas d'immigrants : Montréal reste une importante porte d'entrée au pays, après Toronto et Vancouver. Sauf que les immigrants ne restent pas : ils s'en vont ailleurs, aux États-Unis ou dans d'autres provinces. » Les raisons les plus visibles de cet exode sont celles que je viens d'énumérer. Mais il existe également un enjeu dont les Québécois sont moins conscients et qui constitue pourtant un facteur important expliquant pourquoi plusieurs immigrants perçoivent négativement le Québec : le déficit de «nord-américanité», notamment quand on parle de productivité et de *business*. Voici un petit dialogue, tiré d'un forum Internet autour du thème «Montréal ou Toronto pour quelqu'un qui aime les affaires?», entre un Français résidant à Montréal et un Iranien résidant à Toronto, une ville décidément plus «américaine» aux yeux des immigrants[29] :

> – Pour quelqu'un de pragmatique, le choix de Toronto s'impose […]. Mais il n'y a pas que ça dans la vie… Montréal, même «ville seconde», a bien d'autres attraits : LA ville des festivals, une ville qui a su garder quelques accents «latins» et «européens», une ville qui a une vie après le travail.
>
> – Et c'est peut-être pour ça qu'elle est «seconde»!

Dans ce que les médias ont appelé «le Manifeste des lucides» – un document signé par l'ancien premier ministre du Québec Lucien Bouchard et d'autres figures publiques en octobre 2005 –, les auteurs dressent le portrait d'une société qui doit «combler son retard économique sur le reste du continent», qui doit reconnaître sa «relative faiblesse économique en Amérique du Nord» et qui «fait figure d'un lourd albatros qui ne parvient pas à prendre son envol». Il va sans dire que ce manifeste aux accents conservateurs a suscité de vives réactions de la part des secteurs progressistes du Québec (un groupe, entre autres, s'est affairé à produire un contre-manifeste, celui des «solidaires»). Le débat qui s'est ensuivi a été fort révélateur. Les chantres de la compétitivité ont vite sorti les chiffres pour démontrer, par exemple, que les Québécois travaillent annuellement moins d'heures que les Ontariens et les Étasuniens ou qu'ils prennent leur retraite plus tôt. La légendaire «joie de vivre» des Québécois a été pointée du doigt, ainsi que le «syndicalisme comme religion d'État» et le «climat d'affaires dysfonctionnel, ouvertement hostile à la concurrence et à l'*entrepreneurship*[30]». Plusieurs magazines et les journaux de langue anglaise ont aussitôt dépeint une province «subventionnée», une «société *deadbeat*» (une expression qui fait allusion à quelqu'un qui évite de payer ses dettes), une «nation *slacker*» (fainéante, dépendante)[31]. Ces propos singulièrement simplistes – et, disons-le, insultants à l'égard des travailleurs et contribuables québécois – ne méritent pas de réponse. Par contre, le problème du surendettement public est bien réel, de même qu'un ensemble de facteurs politiques et institutionnels qui rendent le Québec plus solidaire sur le plan social mais moins performant sur le plan du développement économique.

Comme je l'ai mentionné, l'immigrant cherche, logiquement, à optimiser le *trade-off* entre la société d'accueil et la société d'origine. Pourquoi se contenter du verre à moitié vide? En ce sens, le cas des Français est intéressant, car le problème de l'adaptabilité à la langue et à la culture ne devrait quand même pas se poser de façon dramatique. Un reportage du magazine *Time* s'est penché sur l'«exode français»: des milliers de jeunes Français se tournent vers l'Amérique en quête de meilleures possibilités de carrière, notamment dans les domaines de pointe[32]. Parmi eux, plusieurs choisissent le Québec. Pourtant, une proportion très significative des immigrants d'origine française quitte ensuite la province, souvent en direction de l'Ontario ou de la Colombie-Britannique. L'émission *Enjeux* de Radio-Canada consacrait en 2004 un reportage au «désenchantement des immigrants français». Marc Termote, un démographe à l'Institut national de la recherche scientifique (INRS), y affirmait que «deux ans et demi après leur arrivée au Québec, 20% [des immigrants français] ne sont plus là, qu'après cinq ou six ans, plus du tiers ne sont plus là, et qu'après huit ans, 50% ne sont plus là». Quelle est la raison de ce désenchantement qui les pousse à s'en aller? Souvent, il s'agit de la désillusion face à une société qui s'avère moins «avancée» que ce que l'Amérique du Nord est censée incarner. L'anglais, ne nous en déplaise, fait partie de cette image et les lois linguistiques qui visent à protéger le français constituent, paradoxalement, l'une des limitations que plusieurs Français déplorent le plus. Mais ce n'est pas que cela. Des immigrants de toutes provenances trouvent la société d'accueil plus chaotique et plus fermée, moins agile et moins transparente que prévu. Tout se passe comme si le Québec, géographiquement au nord, se situait pourtant culturellement plus au sud des États-Unis…

La souche canadienne-française

L'onomastique est la science de l'étymologie des noms propres. Elle est directement liée à la généalogie, l'étude de la filiation des personnes, car les noms de famille permettent à un individu d'identifier ses ancêtres, de retracer les origines géographiques de sa communauté et d'obtenir des renseignements sur l'univers culturel dont il provient. Le Québec est un paradis pour les généalogistes. D'une part, les registres de naissance, de mariage et de décès ont été précieusement conservés dans les paroisses locales. Ces archives permettent à beaucoup de Québécois de remonter facilement trois ou quatre siècles en arrière dans leur histoire familiale. D'autre part, une majorité de Québécois francophones contemporains descendent d'un noyau relativement petit de colons français arrivés en Amérique au XVIIe siècle. La concentration des noms de famille au Québec est notoire et constitue une véritable curiosité pour bien des immigrants. Cette concentration est plus accentuée qu'ailleurs – si l'on compare, par exemple, avec la France ou l'Italie – et découle d'une longue pratique endogamique (soit lorsqu'un groupe humain se reproduit avec peu de contacts avec l'extérieur). Marc Tremblay, chercheur à l'Université du Québec à Chicoutimi, a effectué une analyse génétique d'un échantillon de 155 363 Québécois contemporains qui descendent des « 6800 ancêtres fondateurs » du peuple canadien-français et a observé qu'« autour de la neuvième et de la dixième génération, 98 % des ancêtres des personnes étudiées sont apparentés[33] ». Une recherche effectuée par deux démographes de l'Université de Montréal montre que « la très grande majorité des Canadiens de souche française descendent de 1955 colons et de

1425 femmes venus de France[34]». Les expressions «Québécois de souche» et «Québécois pure laine» réfèrent à cette «grande famille» qui inclut aujourd'hui environ huit individus sur dix dans la population de la province. Les 20% restant englobent les peuples autochtones, la communauté d'origine britannique et irlandaise, les minorités «historiques» (noire, juive, italienne, grecque et portugaise) et les immigrants de première et deuxième génération (arrivés ou nés depuis 1970). À cette catégorisation «ethnique» des groupes, considérée peu précise et trop controversée, est souvent substitué un décompte fondé sur la langue maternelle des personnes (je reviendrai sur la carte ethnique et linguistique du Québec dans le chapitre IV). On parlera alors de trois groupes: les francophones (5,8 millions ou 81,4% du total), les anglophones (590 000 ou 8,3%) et les allophones (732 000 ou 10,3%)[35].

Une étude de l'Institut de la statistique du Québec sur les noms de famille au Québec signale que les États-Unis affichent une concentration semblable à celle du Québec. En revanche, le rapport signale qu'«il faut mentionner aussi que tous les Tremblay d'ici ont le même ancêtre, ce qui n'est pas le cas des Smith étasuniens ou britanniques». Il est courant de trouver des personnes, liées ou non par des liens de parenté, qui partagent le même patronyme. En ce sens, il faut dire que le Québec offre un visage d'une homogénéité inouïe. Le nouvel arrivant apprend que le maire de la principale ville de la province s'appelle Tremblay et que l'écrivain le plus connu du Québec se nomme également Tremblay. Une coïncidence? Le phénomène est pourtant récurrent. En politique, l'immigrant observe que, à l'Assemblée nationale, siègent trois Charest, deux Bouchard, deux Legault, deux Morin et deux Thériault. Aux élections fédérales de juin 2004, il trouve sur les listes sept candidats nommés Côté, six candidats nommés Tremblay, cinq candidats nommés Gagnon et cinq candidats nommés Gauthier. Dans l'une des universités québécoises, il compte cinq employés nommés Claude Tremblay, quatre Pierre Gagnon et trois Denis Côté. À la radio, il découvre qu'une chronique hebdomadaire nommée « Le deux pour un » réunit chaque semaine deux personnalités publiques du Québec qui portent exactement le même prénom et nom de famille. Ainsi ont été invités, entre autres, Andrée Boucher, mairesse de la ville de Québec, et Andrée Boucher, comédienne et animatrice à la télévision ; Guy Bertrand, le célèbre avocat, et Guy Bertrand, conseiller linguistique à la radio et à la télévision françaises de Radio-Canada ; Michel Audet, ministre des Finances du Québec, et Michel Audet, délégué du Québec à l'UNESCO ; André Ducharme, l'un des humoristes les plus connus du Québec, et André Ducharme, auteur et chroniqueur au magazine *L'actualité*.

J'ai conçu un petit test amusant qui permet de donner une idée de l'allure « tricotée serré » que cette société projette : je prends la liste des cent noms de famille les plus courants et je vérifie combien de personnes dans un groupe donné les portent. Cela donne une sorte de « coefficient de souche patronymique ». J'ai pris, aux fins de l'exercice, le Conseil des ministres du Québec, le Cabinet de secrétaires du président des États-Unis et le gouvernement de la France[36]. Dans ce dernier pays, seulement deux ministres sur trente portent un nom de la liste des cent patronymes les plus fréquents en France (Clément et Bertrand). Aux États-Unis, trois personnes sur vingt et une portent des noms que l'on retrouve parmi les cent les plus usuels au pays (Gonzales, Jackson et Johnson ; puisque Gonzales est d'origine hispanique et que Jackson est un nom typique chez les Noirs d'Amérique, ils ne font pas partie de la souche anglo-saxonne). Au Québec, on en compte huit sur vingt-cinq : Audet, Dupuis, Fournier, Gagnon-Tremblay (je le compte une seule fois), Pelletier, Gauthier, Lessard et Thériault. Donc, le « coefficient de souche patronymique », en ce qui concerne le pouvoir exécutif dans ces trois sociétés, est de 6 %, 14 % (ou 5 % si l'on exclut les deux « ethniques ») et 32 % respectivement pour la France, les États-Unis et le Québec. Un test plus sophistiqué indiquerait un contraste encore plus marqué, car plusieurs autres noms de ministres québécois se trouvent tout de même sur le palmarès des 500 noms les plus fréquents (Beauchamp,

Boulet, Corbeil, Courchesne, Forget, Delisle, Vallières), alors que ce n'est pas le cas pour les noms de la plupart des ministres français et secrétaires américains. Seulement deux noms du cabinet québécois (Bergman et Kelley) ne sont pas français, cela au sein d'un gouvernement fédéraliste et non pas souverainiste! Le coefficient est encore plus élevé quand on se penche sur d'autres organismes publics, comme les centrales syndicales. Si l'on prend les trois principaux comités de la Confédération des syndicats nationaux (CSN), c'est-à-dire les comités d'orientation, de surveillance et des juridictions, on obtient un taux de 42 % (10 noms sur 24). Mon objectif n'est pas de prouver ici un quelconque tribalisme dans les comportements et dans les institutions, mais d'illustrer à quel point le Québec francophone offre aux étrangers et aux non-francophones une image de monolithisme identitaire. Cela dans une société qui, à la différence d'autres sociétés de souche concentrée comme la Corée ou l'Islande, a reçu des contingents importants d'immigrants depuis des décennies et contient en son sein des minorités quantitativement considérables.

Ce n'est donc pas étonnant que le fait de dire «nous» en politique puisse être un sport extrême au Québec, car on risque toujours d'insulter quelqu'un. Qui est inclus et qui est exclu de la définition implicite? Le sens de la phrase «nous, les Québécois» (ou «vous, les Québécois») varie, en effet, grandement selon qui l'énonce, le contexte et le destinataire. L'acception la plus inclusive – que l'on appelle habituellement «civique» – veut que toute personne qui réside sur le territoire du Québec soit Québécois. Un avis de 1995 du Conseil canadien des normes de la radiotélévision (Conseil régional du Québec) indiquait que «l'utilisation de l'expression "Québécois pure laine" ou autres expressions analogues pour transporter la même idée, par exemple "Québécois de vraie souche", peut, dans une société pluraliste comme le Québec, créer une impression malvenue ou négative, voire discriminatoire, chez ceux qui n'entrent pas dans le sens de l'expression[37]». L'idée derrière cette décision, que certains trouveront trop «politiquement correcte», est qu'il n'existe absolument aucune différence entre ceux qui descendent des «ancêtres fondateurs» et ceux qui sont arrivés récemment au Québec. Au-delà du geste indubitablement bien intentionné, on ne peut pas s'empêcher de constater qu'un tel avis présente tout de même quelques inconvénients. D'une part, il serait naïf de supposer que tous les résidents du Québec s'identifient comme «Québécois». En fait, beaucoup de personnes parmi les autochtones, les anglophones et les immigrants ne sont pas prêtes à s'accoler une telle étiquette. D'autre part, si l'identité québécoise se réduit au fait physique d'habiter sur un territoire, toute prétention relative au statut «distinct» ou «national» du Québec – que même bien des fédéralistes reconnaissent – devient inopérante. Si le «peuple» québécois équivaut à la «population» du Québec, le même principe s'applique à toutes les autres provinces. Je reviendrai sur l'épineuse «question nationale» dans le chapitre III. Retenons pour l'instant l'idée que la manière de nommer la communauté majoritaire au Québec se révèle toujours hautement problématique. Jacques Parizeau, l'ancien premier ministre qui a fait la célèbre déclaration sur l'«argent et le vote ethnique» lors de la soirée du référendum de 1995, pourrait nous en dire long. Bien que l'on ait surtout retenu le fait qu'il a accusé les riches et les immigrants d'empêcher la victoire des souverainistes, un autre élément de son discours était peut-être encore plus troublant : «Si vous voulez, on va cesser de parler des francophones du Québec, voulez-vous? On va parler de nous.» Comment ne pas interpréter cette remarque comme l'aveu d'une réalité dans laquelle l'expression «les francophones du Québec» – qui fait prévaloir l'identité linguistique sur l'identité ethnique – ne recouvre pas le véritable «nous» québécois. Beaucoup d'immigrants et de membres des minorités, y compris plusieurs qui avaient voté «oui» au référendum, ont été très heurtés par les propos du chef du mouvement nationaliste. On venait de leur dire que ce n'est pas la langue française ou l'adhésion au projet politique qui définit la québécitude, mais le fait d'appartenir à la «souche».

Il va sans dire que l'identité québécoise – même selon la définition restreinte de Parizeau – ne se laisse pas saisir facilement sur le plan du contenu. Toute identité collective est fluide et contradictoire, donc impossible à décrire de manière complète et définitive. Mais l'analyse de l'identité québécoise contemporaine présente des difficultés plus grandes que dans d'autres cas, en ce qu'elle est au centre de deux tensions extraordinairement significatives. D'une part, l'identité québécoise s'inscrit dans une relation conflictuelle de majorité/minorité : elle est majoritaire – ou, dans d'autres termes, dominante – dans l'espace sociopolitique québécois, mais non pas exclusive, alors qu'elle se vit comme minoritaire dans l'espace canadien et, de façon plus large, nord-américain. D'autre part, l'identité québécoise moderne se construit à travers une rupture, voire une négation, de son antécédent : l'identité canadienne-française, celle du passé rural, religieux, conservateur et soumis. L'existence de la communauté découle de la reconnaissance de sa continuité historique (exprimée par la devise « Je me souviens » sur les plaques d'immatriculation des voitures), mais la transformation – et surtout la politisation – de son identité correspond à une mise en question des valeurs, des pratiques et des institutions traditionnelles. Il n'y a qu'à relire certains classiques, comme les *Directives* (1937) de l'abbé Lionel Groulx, les « Trois dominantes de la pensée canadienne-française » (1958) de l'historien Michel Brunet et l'ouvrage *Le Québec en mutation* (1973) du sociologue Guy Rocher, pour observer cette volonté de rupture avec « soi-même » :

> Ces enfants qui sont devant vous, fils trop souvent de prolétaires, se croient prédestinés à l'esclavage perpétuel. À vivre indéfiniment de la sportule que leur jette le maître ou le trustard d'en face, un trop grand nombre ont fini par se résigner à cette existence comme à leur condition normale[38].

> Vaincus et conquis, séparés de leur métropole, privés d'une classe d'entrepreneurs, pauvres et isolés, ignorants, réduits en minorité dans le pays que leurs ancêtres avaient fondé, colonisés par un capitalisme absentéiste, les Canadiens français avaient absolument besoin d'une intervention vigilante de leur État provincial[39].

> Un état de dépendance aussi totale de la part d'une communauté ethnique tout entière n'est pas un climat favorable à l'esprit d'inno-

vation et d'entreprise. Il contribue plutôt à créer et maintenir une insécurité chronique. [...] Le Canadien français a connu et connaît toujours une profonde insécurité[40].

Le discours souverainiste québécois qui s'affirme depuis les années 1960 et 1970 s'inscrit précisément en faux contre cette image de docilité et d'impuissance, contre cette disposition conservatrice et particulariste du Canada français qui, dans les mots de Rocher, « l'a empêché de se développer selon ses intérêts et selon ses dimensions normales ». La rupture s'est fondée sur une distanciation de la population à l'égard du discours clérical et de la représentation de la « race canadienne française et catholique ». Cela a donné lieu à un double mécanisme : une sorte de « haine de soi » (le refus de s'identifier au Canadien français conquis, pauvre, dépendant et ignorant) doublée d'une survalorisation de la différence québécoise par rapport à l'Anglo-Saxon : « Non seulement nous ne sommes pas (ou plus) inférieurs, mais nous sommes supérieurs (sur le plan spirituel). » Le clergé avait contribué activement à faire de l'isolement et du repli culturel une vertu, une forme de résistance face aux effets corrosifs de la modernité nord-américaine. Lors de sa visite au Québec, le célèbre voyageur Alexis de Tocqueville avait constaté l'opposition entre deux personnalités collectives lorsqu'il comparait les Canadiens (français) et les Américains (des États-Unis) : « On ne sent ici en aucune façon cet esprit mercantile qui paraît dans toutes les actions comme dans tous les discours de l'Américain. La raison des Canadiens est peu cultivée, mais elle est simple et droite, ils ont incontestablement moins d'idées que leurs voisins, mais leur sensibilité paraît plus développée. Ils ont une vie de cœur, les autres de tête[41]. » Ces propos de Tocqueville reflètent une inclination anthropologique qui même aujourd'hui est revendiquée en Amérique latine et que les Québécois semblent aussi vouloir, du moins implicitement, récupérer à l'heure du consumérisme et de la mondialisation : bien sûr, non pas celle d'un esprit « peu cultivé » et avec « moins d'idées », mais celle d'un être sensible, porteur d'une vie affective, moins poussé à conquérir et contrôler le monde matériel et plus soucieux de son prochain. Lorsque l'on compare les «valeurs québécoises» aux «valeurs canadiennes», comme le fait le politologue Alain Noël, n'évoque-t-on pas, d'une certaine manière, cette attitude moins matérialiste, moins individualiste, moins rigoriste? Les Québécois seraient moins sévères dans la répression de la criminalité (particulièrement à l'égard des jeunes contrevenants), plus justes en ce qui concerne la fiscalité et plus généreux sur le plan de l'aide au développement[42]. Bien que réfractaires à la religion organisée, les Québécois sont plus attirés par la vie contemplative que les Canadiens: 43 % d'entre eux «prient ou méditent une fois par semaine[43]». Sondage après sondage, on observe que, parmi les Canadiens, les Québécois se démarquent par leur pacifisme, leurs préoccupations environnementales et leur acceptation des styles de vie alternatifs. Par exemple, en 2003, 61 % des Québécois s'opposaient à l'invasion de l'Irak, alors que 63 % des Canadiens anglais l'appuyaient (à la condition qu'elle soit menée sous l'égide des Nation Unies)[44]. Les enquêtes d'opinion au sujet de l'accord de Kyoto, le mariage gai et le droit à l'avortement, entre autres, indiquent que les Québécois se trouvent habituellement quelques points de pourcentage devant leurs compatriotes canadiens-anglais (quoiqu'il faille signaler que les Canadiens sont en général assez progressistes sur tous ces plans, notamment si on les compare aux Étasuniens).

Les Québécois sont fiers, avec raison, de leurs nombreuses et notables réussites. Si l'on tient compte de la taille de sa population, le rayonnement de ses artistes dans la culture populaire planétaire est sans doute impressionnant. Il est devenu un cliché que de référer au succès prodigieux des films de Denys Arcand (*Le déclin de l'empire américain*, *Les invasions barbares*), du Cirque du Soleil ou de Céline Dion. Mais le Québec est aussi reconnu internationalement en raison de l'importance dé certains de ses domaines industriels et technologiques d'avant-garde, telles l'aéronautique, la pharmaceutique et la biotechnologie. Montréal est un leader mondial en imagerie numérique, son digital, télécommunications et design web. Les Québécois ont également fait des contributions significatives sur le plan des idées et des actions solidaires, depuis le coopérativisme agricole jusqu'aux initiatives altermondialistes. La société civile est active et le débat public est intense. En fait, de temps à autre, les Québécois – surtout les intellectuels – se permettront même d'exprimer une certaine condescendance envers le reste du monde. Ils se moqueront des Canadiens anglais – qu'ils trouvent ennuyeux et sans personnalité –, ils mépriseront le citoyen moyen des États-Unis – trop bigot, trop ignorant, trop belliqueux –, et ils seront agacés par la grande gueule et le nombrilisme des Français. En ce sens, tantôt ils pourront partager l'antiaméricanisme caractéristique de leurs cousins français, tantôt ils se feront un plaisir de dénoncer, avec les autres Nord-Américains, la rigidité des structures sociales et des mentalités du «Vieux Monde». Les Québécois s'en réclameront pourtant quand ils voudront souligner leur humanisme et leur dégoût pour le matérialisme et l'individualisme excessifs propres à la globalisation néolibérale, mais ils se représenteront comme étant à la fine pointe du développement économique pour réfuter le stéréotype d'un Québec arriéré par rapport à la norme nord-américaine.

Cette plasticité culturelle – qui est favorisée par l'ambiguïté, l'ambivalence et le doute de soi-même qui sous-tendent l'identité québécoise – compte sûrement pour une partie du charme que le Québec exerce sur ceux qui n'aiment pas les certitudes idéologiques. Mais derrière cet orgueil des Québécois gît une bonne dose de ressentiment qui peut exploser devant la moindre critique de leur pays… surtout si celle-ci vient d'un Français. L'air de supériorité morale et culturelle que les Franco-Québécois affichent parfois à l'égard des Européens et des autres Nord-Américains cache la figure de la victime éternelle, dont la mémoire remonte à la conquête de la Nouvelle-France par les Britanniques en 1760. Comme l'écrit une femme française qui habite au Québec : « Une petite phrase suffit à blesser [les Québécois] à mort et pour toujours[45]. » On trouve plusieurs références à cette susceptibilité déroutante dans les forums de discussion où les immigrants partagent leurs expériences. Voici le témoignage d'une autre Française installée au Québec depuis plusieurs années : « "Ben… si t'es pas contente, retourne dans ton pays!!!" C'est une de leurs phrases massue – ils en raffolent. Même après dix ans au Canada, on me la sortait régulièrement. […] Il faut garder en tête que tu payes pour une haine collective et que tu es une sorte de paratonnerre[46]. »

Ian, immigrant français au Québec et auteur du blog *mauditfrancais.com*, constate que plusieurs de ses compatriotes « repartent dans leur pays totalement écœurés[47] ». Leur expérience ratée dans le Nouveau Monde a probablement ravivé chez eux « la thèse de l'infériorité américaine », toujours latente dans l'imaginaire européen depuis le xvie siècle[48]. Pour être juste, bien des Français (et des Belges et des Suisses) disent trouver leurs « cousins » québécois accueillants et sympathiques, travailleurs et créatifs. Il est habituel de les entendre dire que « le Québec, c'est l'Amérique en français ». Un entrepreneur belge y voit un mélange réussi entre « le goût nord-américain pour le planning » et « l'ouverture à la culture européenne » qui fait généralement défaut aux Américains[49]. Je reviendrai sur le cas particulier des Européens francophones – surtout par rapport à la question de la langue – dans le chapitre II. Pour le moment, je les évoque pour souligner le caractère potentiellement conflictuel du rapport entre les Québécois et les immigrants, cela en raison du fossé qui peut exister entre l'idéalisation de la nord-américanité et la réalité que les nouveaux arrivants rencontrent au Québec. Cette désillusion n'a pas lieu qu'ici : ceux qui immigrent à Toronto ou à New York sont eux aussi souvent déçus de voir que la promesse du Nouveau Monde tarde à se réaliser et que les Nord-Américains ont finalement peu de leçons à donner aux autres. Mais au Québec les choses se compliquent encore plus. Sa fluidité identitaire peut être perçue comme une force (une richesse culturelle, une «hybridité» énergisante) ou comme une faiblesse (un manque de caractère, une incapacité à rompre avec les attaches coloniales). La «vie de cœur» peut être admirée comme un atout par ceux qui apprécient un rythme de vie moins frénétique et une disposition plus festive, mais elle peut être aussi vue, en revanche, comme le dilettantisme d'une société qui ne s'est jamais tout à fait modernisée. L'insécurité profonde du «Québécois de souche» face à la matrice anglo-saxonne qui domine le continent et le rejet quasi obsessif de son propre passé rural – et donc de son histoire comme peuple – se traduit parfois dans une attitude défensive que l'immigrant tend à interpréter comme un geste de fermeture à autrui et que d'aucuns taxent de xénophobie. Mais je ne suis pas le seul à affirmer que la grande majorité des Québécois d'ascendance canadienne-française sont généralement ouverts et tolérants, solidaires et progressistes et que le Québec, sans être parfait, se compare plutôt bien à d'autres terres d'accueil. En fait, la vaste majorité (78 %) des membres des minorités ethnoculturelles du Québec estiment que «les Québécois sont accueillants envers les immigrants[50]».

Bref, les Québécois s'inscrivent dans un jeu d'identification et de différenciation identitaire extrêmement complexe. Le Québec se distinguerait du Canada anglais par son «européanité» (qui le rapproche de la France), de l'Europe par son «américanité» (qui le rapproche des États-Unis) et des États-Unis par sa «nordicité» (qui le rapproche du Canada anglais). À cela se superpose, bien évidemment, l'ambivalence envers la «canadianité» elle-même, car le Québécois, comme l'a observé l'anthropologue Sélim Abou, «ne peut pas nier son allégeance canadienne en tant qu'identité culturelle: trois siècles de coexistence dans le même espace géopolitique ont développé chez les deux groupes concernés, à leur insu, un nombre considérable de traits culturels communs[51]...». En même temps, l'identité québécoise s'est affirmée à travers «l'invention» du Canada anglais comme entité monolithique aux traits figés[52].

Ce type de dynamique d'identification et de différenciation n'est pas en soi inhabituel. En fait, la plupart (sinon toutes) les sociétés définissent en partie leur identité dans une tension d'attraction et de répulsion envers les pôles identitaires qui leur sont significatifs (la mère patrie, les voisins – particulièrement les plus puissants ou menaçants –, les métropoles, etc.). Ce qui est peut-être unique dans le cas du Québec, c'est que cette dynamique à trois axes a une présence extrêmement lourde dans l'imaginaire collectif[53]. Bien que le poids relatif des différentes références identitaires ne soit pas le même, aucune d'entre elles n'est négligeable. Ainsi, alors que 68 % des Québécois se sentent davantage nord-américains, 48 % se sentent plus près des Canadiens des autres provinces que des Américains et 38 % considèrent que le Québec a plus d'affinités avec l'Europe qu'avec les États-Unis[54].

Mais les Québécois sont bien différents des Canadiens anglais, des Étasuniens et des Français. Cela est certain. « Ce n'est rien de dire qu'ils sont gentils et chaleureux, ils ont quelque chose en plus, indéfinissable, qu'on ressent profondément. » « L'art de faire passer un courant qui distille une amitié sans arrière-pensée. » « Esprit collectif, esprit de clan. » Voici comment le *Guide du Routard* (édition de 2000) décrit les gens de la ville de Québec. Venant de l'Amérique latine, je ne peux pas m'empêcher de sourire. Ce sont les traits typiquement – devrais-je dire « stéréotypiquement » – attribués à la personnalité « latine ». Je me demande : la société québécoise serait-elle plutôt « latine » et donc moins « nord-américaine » que les sociétés de matrice anglo-saxonne ?

Les « Latins du Nord »

La question de la « latinité » des Québécois m'amène naturellement à m'interroger sur la façon dont les immigrants d'origine latino-américaine perçoivent le Québec, alors que les Québécois contemporains eux-mêmes semblent naviguer entre la tiède reconnaissance d'une certaine proximité culturelle avec l'Amérique latine et la volonté de se reconnaître comme une société nettement intégrée à l'univers nord-occidental. Il est aisé de trouver dans le discours politique des références à un sentiment de parenté – bien que diffus – entre le Québec et l'Amérique latine : «Nous [les Québécois] sommes des Latins du Nord», s'exclamait Bernard Landry, alors premier ministre de la province, dans le cadre du Sommet des peuples des Amériques de 2001[55]. Jean-Pierre Charbonneau, ancien président de l'Assemblée nationale du Québec, abondait dans le même sens quand il était question de négocier des accords commerciaux et de favoriser les investissements à l'échelle hémisphérique : «Nous [les Québécois] avons en outre à offrir notre condition de Latins du Nord. Pour les Latino-Américains, il est sans doute intéressant de venir discuter au Québec, où il règne une ambiance un peu plus latine qu'ailleurs en Amérique du Nord[56].» Selon Joseph Facal, ancien ministre de l'Immigration du Québec, cette affinité se traduirait même sur le plan du comportement politique : «Les immigrants qui proviennent de pays de culture latine sont des gens qui s'intègrent plus facilement au Québec francophone. Chez eux se développe, assez rapidement, une sorte de sympathie à l'endroit de l'affirmation du Québec[57].»

La condition de «latin» (à distinguer du terme *latino* qui a une connotation moins positive liée, entre autres, au *macho*) semble ainsi renvoyer à une «façon de voir les choses», à une «sympathie», à une «ambiance», donc à une sorte d'arrière-plan sociologique qu'on prend rarement le temps d'expliquer. Convenons que l'idée que les Québécois sont des «Latins du Nord» est probablement utilisée par les politiciens de façon purement opportuniste. Pourtant, elle trouve des échos significatifs dans certains milieux culturels : par exemple, lors de la Foire du livre de Guadalajara en 2003, une anthologie de la poésie québécoise traduite en espagnol a été lancée sous le titre *Latinos del Norte*[58]. Mais les différences entre la société québécoise et les sociétés latino-américaines sont tout de même importantes : deux éléments clés de l'identité nationale en Amérique latine, soit la rupture révolutionnaire avec la mère patrie et l'imaginaire du métissage et de la créolitude, sont absents dans le cas du Québec. Si celui-ci est «latin», c'est en raison de la matrice française d'ancien régime qui est à ses origines et dont certaines composantes ont perduré dans le ruralisme d'antan. Entre les années 1920 et 1950, l'intérêt pour l'Amérique latine s'est reflété dans une abondante littérature qui célébrait «les affinités de race, de religion et de culture» entre les héritiers de la tradition spirituelle latine en Amérique[59]. Dans les années 1960 et 1970, c'est un discours de gauche et nationaliste qui proclamait la fraternité des Québécois avec les Latino-Américains dans la lutte contre l'oppression des peuples par l'impérialisme des États-Unis. La convergence culturelle était ainsi renforcée par la condition commune de «peuples colonisés». En 1964, on lisait dans *Le Devoir*: «Dans ce Canada à demi développé, le Québec est à certains points de vue une zone de sous-développement plus marquée et l'économie du groupe canadien-français est soumise à une domination étrangère que nous devons corriger[60].» Or, après les profondes transformations sociales, politiques et économiques des quatre dernières décennies, reste-t-il un quelconque substrat «latin» dans l'identité des Québécois? Les guides touristiques aiment bien relever les comportements qui semblent indiquer un penchant plus permissif, téméraire et insouciant que ce que l'on constate ailleurs en Amérique du Nord. On trouve, par exemple, au Québec des attitudes plus laxistes face au risque, aux appétits, aux sensations et aux mœurs:

• des dépenses par habitant plus élevées que la moyenne canadienne en ce qui a trait aux jeux de hasard[61];

• la proportion de fumeurs (et de décès dus au cancer du poumon) la plus élevée du Canada[62];

• le plus grand nombre d'accidents de piétons (selon une comparaison entre les grandes métropoles canadiennes)[63];

• les cinq compagnies de distribution de films porno-
graphiques les plus importantes du Canada[64].

Mais au-delà de ces traits superficiels, peut-on déceler le
caractère «latin» des Québécois dans leurs valeurs collectives,
dans la conception de la nationalité et du rôle de l'État dans la
société, ou encore dans la manière de poser la distinction entre
le public et le privé? Certains, comme le philosophe Charles
Taylor, ont signalé l'existence d'une opposition conceptuelle
entre Québécois et Canadiens anglais dans la façon de définir
l'identité collective[65]. Des sociologues comme Gilles Bourque
et Jules Duchastel ont trouvé des contrastes éloquents à l'égard
d'idées aussi fondamentales que «communauté» ou «nation»
dans le discours politique des uns et des autres[66]. Le politologue
Christian Dufour, quant à lui, attribue la «différence collective
québécoise» vis-à-vis de l'Amérique du Nord anglophone aux
«valeurs de type français» qui la fondent: «La civilisation de
langue française se veut un art de vivre de qualité – harmonie,
équilibre, élégance, beauté –, accessible aux citoyens et aux
peuples qui ne font pas partie des puissants[67].»

Dans une étude statistique que j'ai réalisée sur les valeurs
civiques dans les Amériques, j'ai observé que le Québec se
place, de façon générale, dans l'espace nord-américain[68].
Cependant, j'ai aussi vérifié que les Québécois se distinguent
des Étasuniens et, dans une moindre mesure, des Canadiens
anglais par une plus grande ouverture au changement social,
à la différence et à la subjectivité. Bien que ces tendances
situent le Québec dans l'espace des sociétés «postmodernes»
et «postmatérialistes», je crois que l'on peut y déceler également une latinité plus épanouie, c'est-à-dire plus proche de
ses idéaux premiers: une latinité moins contenue par ses penchants fixistes et contraignants (que l'on voit ressortir malheureusement trop souvent en Amérique latine, où les structures d'inégalité politique et économique font en sorte qu'il
est difficile pour l'individu d'échapper aux déterminations
sociales). Peut-on imaginer que l'esprit latin, plus holistique

dans sa conception du lien social, plus sensible à la notion de
«bien commun», plus ludique, transgresseur et enclin à l'ex-
périmentation et aux mélanges, puisse servir de contrepoids à
une culture contemporaine que l'on sent trop centrée sur l'efficacité instrumentale, la concurrence individualiste, l'hyper-
rationalisme et le strict légalisme? Est-ce que cet esprit latin
imprègne la société québécoise?

Afin de recueillir l'opinion d'un groupe de Latino-
Américains résidant au Québec, j'ai envoyé le message suivant aux membres de l'association Amitiés Québec-Venezuela:
«Peut-on dire que les Québécois (francophones) possèdent
une culture plus "latine" que celle des Anglo-Canadiens et
des Nord-Américains? Pourquoi[69]?» Il va de soi que cette
démarche est purement exploratoire. Je ne peux rien affirmer à l'égard de la représentativité de l'échantillon obtenu.
Cependant, le discours des répondants est utile pour relever
certains aspects de la manière dont les Québécois d'origine
latino-américaine conçoivent leur insertion identitaire dans la
société d'accueil[70]. On voit ressortir dans les messages les divers traits distinctifs que l'on attribue habituellement à l'identité latine. Il y a ceux liés au stéréotype «latin». Une femme
les énumère, tout en se disant consciente de la superficialité
d'une telle caractérisation: «Joie, saveur, chaleur, rythme, je-
m'en-fichisme, désordonné, bruyant, fêtard, sensible, bon au
lit, de belles fesses chez les femmes.» Une autre femme abonde
dans le même sens: «Nous avons un tempérament moins froid,
moins calculateur, nous sommes plus hardis. Le sang plus
chaud.» Un homme voit cette latinité commune dans l'ouverture à la différence et à la diversité: «Une tendance marquée
vers l'acceptation des autres cultures, même si cela est plus vrai
sur le plan de l'intégration culturelle que sur d'autres plans,
comme celui de l'emploi.»

Un couple nouvellement arrivé au Québec trouve aussi
«une société très tolérante et ouverte, comme la nôtre en Amérique latine», ainsi qu'une résistance face à «la culture de l'argent [que l'on voit] dans les sociétés anglo-saxonnes». Une

impression qu'ils disent partager avec d'autres immigrants d'origine latino-américaine est celle d'une société moins contraignante sur le plan du travail : « Par ailleurs, les Québécois prennent très au sérieux les vacances et les loisirs et ils comprennent effectivement que la vie n'est pas que le travail. Cela se voit clairement dans la promotion considérable de la culture et des sports partout dans la ville. »

Une femme qui a immigré récemment au Québec se dit étonnée d'observer des attitudes typiquement « latines », au sens péjoratif du terme, tel le manque de propreté des lieux publics, la médiocrité des débats politiques et, plus positivement, une plus grande intimité dans les rapports interpersonnels : « Une autre chose que je pourrais noter comme une similitude, c'est que les gens se touchent... oui, oui, ils se touchent !!! Je veux dire, quand je vois des copains qui se parlent dans la rue, ils se touchent pendant qu'ils discutent, ils s'embrassent. »

Une femme réfère aux « vestiges d'une tradition et d'une culture catholiques » au Québec, mais elle questionne leur véritable importance dans la société actuelle. En fait, bien qu'elle trouve des ressemblances avec le caractère « insoumis et légèrement gauchiste » des nations latino-américaines, elle s'interroge sur le bien-fondé de cette impression : « Toutefois, ces différences me semblent parfois le *branding*, la marque de commerce d'un peuple qui a su se "vendre" ainsi, mais qui, aujourd'hui n'est pas aussi latin qu'il le paraît. »

Une autre femme met aussi l'accent sur l'emprise de la culture anglo-saxonne sur le Québec : « En plus, il y a la conquête anglaise. Même si les Québécois ont accompli l'exploit de survivre, il est difficile [d'imaginer] que le conquérant ne les ait pas influencés. Et le conquérant était anglo-saxon et protestant, ce qui n'a rien à voir avec la latinité. »

Enfin, un des répondants constate la particularité de la société québécoise, mais il refuse de lui trouver une explication purement linguistique : « En fait, même s'il y a des différences historiques et culturelles entre les anglophones et les francophones du Québec, il existe aussi des similarités entre eux qui les séparent du reste du Canada en ce qui concerne l'héritage historique et les coutumes. »

Cette enquête, si modeste soit-elle dans sa portée, nous permet néanmoins de constater que, pour plusieurs Latino-Américains, la latinité des Québécois est une réalité, bien qu'elle semble plutôt superficielle et que, à certains égards, elle soit vue comme une chose du passé. Dans le cadre d'une recherche récente sur l'engagement civique et politique des immigrants latino-américains qui résident au Québec[71], j'ai pu observer que les réponses à une question sur les forces de la communauté latino-américaine renvoyaient à une représentation positive de la latinité: le sens de la solidarité, la générosité, les valeurs familiales, la spiritualité, la sociabilité, la créativité, le degré de politisation, la fierté. Bien que le questionnaire utilisé n'inclue aucune mention explicite des parallèles entre la culture latino-américaine et la culture québécoise, je m'attendais à voir ressortir ce thème dans les réponses aux questions sur l'intégration à la vie publique et politique au Québec. Or, les propos à ce sujet sont relativement rares. Autrement dit, la plupart des Latino-Américains qui ont pris part à cette étude n'ont pas fait spontanément le lien entre leur accès à la citoyenneté – dans le sens d'un sentiment d'appartenance, d'un apprentissage et d'un engagement civique – et une quelconque proximité culturelle entre leur société d'origine et la société d'accueil. Certaines réponses évoquent tout de même des affinités culturelles. Une femme originaire du Salvador a décidé de choisir le Québec pour cette raison: «La culture française ressemble à notre culture, c'est l'un des facteurs qui m'ont amenée à sélectionner cette province. »

Mais la majorité des réponses vont plutôt dans l'autre sens: elles mettent l'accent sur la distance qui sépare les deux cultures. Plusieurs déplorent justement le fait de trouver les Québécois moins latins que prévu. Un Colombien signale ceci: «L'une des choses qui me semblent particulières de cette société, c'est que les gens ne se regardent pas dans les yeux; les Latins, nous avons la particularité de nous regarder dans les yeux, et je l'ai demandé à tous les Québécois que je connais : pourquoi vous ne vous regardez pas dans les yeux ? »

D'autres constatent aussi un écart entre les deux cultures, mais soulignent leur préférence pour les valeurs de la société d'accueil, comme le prouve cet homme d'origine péruvienne : « Le Québec est un pays latin, il a des racines françaises et latines, mais il a pas mal d'influence anglo-saxonne, ce qui est bon, car elle lui donne de la discipline. Ça, tout Latin en a besoin pour atteindre ses buts. »

Cette brève revue du discours d'un groupe de Latino-Québécois nous aura permis de nuancer le jugement rapide que l'on peut parfois porter sur les ressemblances que les Latino-Américains perçoivent entre leur culture d'origine et celle du Québec. Ceux qui acceptent d'emblée l'idée d'une latinité commune doivent tenir compte du fait que les immigrants de l'Amérique latine eux-mêmes ne sont pas portés à l'exprimer spontanément. Quand la question est soulevée de manière explicite, comme je l'ai fait dans le forum, les réponses véhiculent une opinion partagée ou ambivalente. Mais ceux qui, en revanche, rejettent du revers de la main toute proximité – souvent au nom du caractère pleinement nord-américain du Québec[72] – doivent reconnaître que la particularité québécoise est difficilement compréhensible en dehors du contraste que l'on établit face au monde anglo-saxon. La latinité du Québec ressort comme un atout dans le discours de beaucoup d'immigrants, notamment lorsqu'ils mettent l'accès sur l'ouverture, la sensualité et la créativité. Certains regrettent justement la perte de cette latinité dans un Québec qui se serait trop « nord-américanisé ». Enfin, d'autres perçoivent la distinction québécoise comme une carence : moins de pragmatisme, moins d'éthique du travail, moins d'efficacité. Ce troisième groupe n'est pas ressorti dans l'échantillon de Latino-Québécois. Ils ont probablement déjà « voté avec leurs pieds » : ils se sont tournés vers ce qu'ils considèrent comme la « vraie » Amérique du Nord, soit le Canada anglais ou les États-Unis.

Mon impression est que l'identité culturelle des Québécois possède bel et bien une composante latine. Dans le cadre d'une société démocratique et développée – et dans une dynamique d'interaction constante avec la matrice anglo-saxonne – la «latinité américaine» du Québec est porteuse de valeurs autour desquelles peut être bâti un projet collectif pluraliste et intégrateur. À la différence des nations européennes, celles de l'Amérique se représentent comme des «jeunes nations» (même si elles peuvent avoir une constitution politique et culturelle relativement ancienne) et leurs populations tendent à percevoir les enjeux collectifs à travers l'image de la *promesse*. On partage la croyance qui veut que la vraie richesse du pays réside dans son *potentiel*, non pas tellement dans ce qu'il est, mais dans ce qu'il peut devenir. Les Québécois sont, en ce sens, proprement américains. Il n'est pas de doute qu'ils sont, plus particulièrement, nord-américains. Mais je demeure convaincu qu'ils sont aussi des *Latins d'Amérique*. Cependant, pour saisir leur américanité distinctive, ils doivent encore découvrir et s'approprier cet héritage culturel.

Enfin, je pense que la question de la latinité du Québec constitue une voie particulièrement intéressante pour aborder le noyau dur de l'imaginaire québécois : celui du *déficit*. Le lecteur aura compris que je ne fais pas ici allusion aux difficultés fiscales de l'État québécois, mais au sentiment de *manque*. L'idée que le Québec *n'est pas là où il devrait être* traverse, en effet, tous les débats identitaires et politiques. La «distinction québécoise» est tantôt vue comme une pesanteur culturelle (pour certains, elle est l'une des explications du «retard» de la société québécoise par rapport aux standards nord-américains), tantôt comme un héritage collectif qui devrait permettre au Québec de se démarquer dans le concert des nations dès qu'il sera à même de libérer ses énergies latentes et de «prendre en main son destin». Le discours du déficit se déploie autour de la langue, de l'histoire et de la nationalité. Il mobilise bien des émotions contradictoires : la fierté et la honte de soi, l'idéalisation et l'oubli du passé, l'ouverture et le repli face à la différence. Il se décline, comme nous le verrons dans les prochains chapitres, dans la relation turbulente de la société québécoise avec ses fantasmes, ses complexes et ses mythes.

CHAPITRE II

En français, dites-vous ?

Pourquoi les Franco-Québécois font-ils de leur langue le noyau de leur identité collective ? Dans ce chapitre, je me penche sur la place du français dans la société québécoise et j'examine les peurs, les complexes et les fantasmes qui sous-tendent le « conflit linguistique » au Québec.

On est en 1990. Je suis arrivé au Québec il y a juste quelques mois. Je fais une maîtrise à l'université et je travaille comme assistant au sein d'une équipe de recherche, dirigée par un professeur qui s'appelle Jules. Il est 17 h. La plupart des gens ont quitté les lieux. Une de mes collègues se pointe à la porte de mon bureau et me demande : « Jules est-tu déjà parti ? » Perplexe, je ne sais pas quoi répondre et je reste silencieux. J'ai l'impression qu'elle me fixe comme si j'étais un demeuré. Elle répète alors la phrase, en articulant plus lentement : « Jules est-tu déjà parti ? » Je ne sais toujours pas quoi dire et je me sens de plus en plus abasourdi. Dans mon cerveau, deux propositions s'énoncent rapidement : 1) Je ne suis manifestement pas Jules et ma collègue le sait. 2) Si, contre toute probabilité, j'étais Jules, la question serait absurde, car elle peut voir que je suis bel et bien encore là. La question m'apparaît donc doublement illogique. Impatiente, la jeune femme, lance sa question une troisième fois, mais elle la reformule : « Est-ce que Jules est déjà parti ? » C'était ça ! « Oui, oui, il est déjà parti. » Puisque l'autoroute de l'information n'existe pas encore, je cours à la bibliothèque afin de consulter un dictionnaire de « canadianismes ». Beaucoup de mots « typiques », mais rien sur la grammaire québécoise[1]. C'est seulement le lendemain que je peux poser la question à un copain. Un peu surpris de mon ignorance, il m'explique qu'il s'agit tout simplement d'une « façon de dire très courante » au Québec. Plus tard j'apprendrai, grâce au spécialiste Robert Dubuc, rédacteur du bulletin *C'est-à-dire* à Radio-Canada, que le -*tu* est une « particule interrogative de niveau populaire » qui remplace le -*il*. Selon Dubuc, « l'utilisation dans la communication publique de la particule interrogative -*tu* est aussi déplacée que de cracher par terre dans un salon[2] ». Apparemment, « courant » et « correct » ne vont pas de pair ici.

J'ai raconté cette anecdote – tout à fait vraie – à plusieurs amis franco-québécois. À chaque fois, mon but a été de leur transmettre le malaise de l'immigrant qui se sent comme un enfant – maladroit et gêné – et qui est infantilisé par ceux qui ne sont pas capables de saisir les divers niveaux de leur propre langue ou les nuances de la communication interculturelle. Naïm Kattan, arrivé de Bagdad à Montréal en 1954, décrit ainsi ce sentiment : « Il faut si peu pour qu'un immigrant se sente inférieur. Comment échapper à ceux qui, dans leurs réponses, mettent le ton qu'il faut pour lui signifier, de la manière la plus tacite, son ignorance[3] ? » Certes, ma collègue impatiente paraît un peu insensible, mais mon but est de centrer le récit sur les difficultés expérimentées par le nouvel arrivant. Or, en présence de certaines personnes, j'ai fini par réaliser que cette petite histoire provoque des « dommages collatéraux » : elle peut être comprise comme un commentaire dépréciatif sur le parler québécois. En effet, en y pensant bien, le malentendu avec ma collègue ne découle pas de ma connaissance déficiente de la langue française, mais justement de l'effort que je fais pour bien l'appliquer à la situation. Quand j'ai narré pour la première fois la même anecdote à des amis immigrants, ils ont éclaté de rire. Mais ils ne riaient pas de ma maladresse. J'ai alors compris que pour eux, il était évident que l'aspect comique découlait de l'incompétence linguistique de mon interlocutrice et non pas de mes propres limitations sur le plan du langage. Pour un Québécois francophone, il peut être tout de même un peu étonnant que je n'aie pas appris l'expression -tu après avoir étudié et travaillé au Québec pendant plusieurs mois. Pour un immigrant éduqué, il est inconcevable qu'un universitaire québécois ne soit pas conscient de l'existence de localismes à éviter dans l'interaction avec un étranger.

Cette histoire illustre, pour moi, l'un des multiples malentendus qui sous-tendent, dès le départ, les rapports entre les Québécois francophones et les nouveaux arrivants. Même quand la question « français ou anglais ? » ne se pose plus, il reste la question « quel français ? » De manière abstraite, les choses devraient se passer de façon assez standard : l'immigrant possède généralement une certaine connaissance préalable de la langue (dans mon cas, quelques années d'études à l'Alliance française de Buenos Aires) et le processus d'intégration à la société d'accueil lui permet de développer ses compétences linguistiques (parfaire sa prononciation, élargir son vocabulaire, consolider sa grammaire) et de se familiariser avec les modalités du parler socialement et culturellement situé (niveaux de langage selon le contexte, expressions familières et vernaculaires, etc.). Il va de soi que, dans la vie réelle, le processus est loin d'être si linéaire. Mais, au Québec, ce schème doit être questionné et réévalué à chaque étape. Quelle est la langue que l'on doit absorber ? Celle du -tu qu'un linguiste québécois compare au fait de cracher par terre dans un salon ? Ou doit-on, plutôt, s'en tenir au « français international » – la norme hexagonale – et adopter un regard réprobateur face au « ghetto linguistique » où, selon Lionel Meney, ancien professeur à l'Université Laval, seraient confinés six millions de Québécois[4] ? Alors que je rédige ce chapitre, j'apprends la nouvelle du décès de Jean-Paul Desbiens, celui qui, sous le pseudonyme de « Frère Untel », a été l'un des artisans intellectuels de la « Révolution tranquille » qui a modernisé le Québec il y a quarante ans (j'y reviendrai dans le chapitre III). En 1960, il écrivait : « Cette absence de langue qu'est le joual est un cas de notre inexistence, à nous, les Canadiens français. On n'étudiera jamais assez le langage. Le langage est le lieu de toutes les significations. Notre inaptitude à nous affirmer, notre refus de l'avenir, notre obsession du passé, tout cela se reflète dans le joual, qui est vraiment notre langue[5]. »

Beaucoup de choses se sont passées depuis 1960. Le « joual » – le franco-québécois populaire – a lui-même évolué, alors que les institutions publiques – les écoles, la radio et la télévision, les agences gouvernementales – ont joué un rôle significatif dans la transformation et l'uniformisation de la langue parlée au Québec, notamment à travers la dépuration des anglicismes et la modernisation et la féminisation du vocabulaire. Depuis la Révolution tranquille, la société québécoise a fait de la préservation et de la promotion du français le combat central, voire le cœur de son projet collectif. Pourtant, le débat autour de la « qualité » de la langue et de son lien avec l'identité québécoise demeure intense. Un Québécois francophone qui revient d'un séjour à Paris en ayant incorporé quelques tournures « françaises de France » se voit parfois traité de prétentieux par ses amis. Ou, pire encore, ils le trouvent ridicule. Un Québécois francophone qui ajoute une version anglaise à son message sur le répondeur téléphonique risque de se faire traiter de *colonisé*. Il existe, en effet, une forte pression sociale pour rester soi-même – il faut parler comme un Québécois et non pas comme un Français ou comme un Anglais – mais cette contrainte a aussi un double effet de stigmatisation et de ressentiment. Bien des Franco-Québécois se sentent insultés quand leurs films sont sous-titrés en Europe car leur « dialecte » n'est pas facile à comprendre, quand les Canadiens anglais qui ont fait « l'immersion française » à Toronto viennent leur dire qu'ils ne prononcent pas le français correctement ou quand un immigrant dont le français est la deuxième ou même la troisième langue imite leur accent pour rigoler. Mais rien ne fait bouillir autant le sang d'un Québécois qu'une phrase comme celle-ci (que j'ai trouvée dans un forum de discussion sur l'immigration au Canada) : « À mon arrivée, j'étais horrifiée par ce parler québécois. J'ai craqué, j'ai dit à ma coloc que les Québécois ne savent pas parler français. »

Il n'est pas surprenant que les rapports entre les Québécois et les Français qui se sont établis ici s'avèrent parfois malaisés sur le terrain linguistique. Cet échange, tiré d'un autre forum[6], illustre le choc typique entre deux manières diamétralement opposées de percevoir le statut de la langue au Québec.

> – Depuis douze ans au Canada, dont deux au Québec, je suis de ceux qui confirment que je ne conseillerais à personne d'apprendre le français au Québec. Entre « compétionner », « canceller », « j'ai une grenouille dans la gorge », « char » et autres « pinottes », on constate que le québécois est un dialecte faisant souvent référence à l'anglais, mais qui n'est certainement pas du français pur.

> – Vous faites donc partie de ces Français qui insultent les Québécois en leur disant que leur langue est un « dialecte » faisant souvent référence à l'anglais et qui fait beaucoup de mal à « notre langue », le français « pur »... Pour qui vous prenez-vous ?... Restez donc, comme vous le dites si bien, un maudit Français fier de l'être.

Comment ne pas trouver antipathique et pédant le Français qui donne son avis dans ce dialogue ? Il adopte une attitude que malheureusement d'autres immigrants partagent, mais qui est rarement exprimée en public et encore moins devant des Québécois francophones, sauf si l'on cherche justement à provoquer ou à confronter. Si le premier interlocuteur incarne parfaitement la figure du « maudit Français », le second est l'archétype du Québécois hypersensible contre lequel un Québécois qui se dit non complexé s'insurge : « Ce qui m'énerve, c'est cette manie québécoise de se sentir opprimé, attaqué, critiqué par tous ceux qui sont prétendument "plus grands, plus forts, plus raffinés" que nous, colons[7]. » Cette susceptibilité se reflète, à mon avis, dans le fait que les Québécois sont peu enclins à l'autodérision collective (à distinguer de l'autodépréciation individuelle, phénomène assez courant chez les *stand-up comics*, qui s'en servent comme dispositif humoristique). Bien que toute généralisation soit injuste, il est assez facile de trouver des indices d'une telle disposition. Entendons-nous. L'humour se porte bien au Québec. Cela se voit dans le succès local et international de ses productions artistiques et de ses comédiens. La créativité et le dynamisme qui caractérisent la société québécoise s'expriment aussi dans les contenus iconoclastes et sarcastiques qui abondent dans ses différentes manifestations culturelles. À la télévision de Radio-Canada, des parodies comme le *Bye Bye* et *En attendant Ben Laden* s'adressent à un public qui apprécie l'humour incisif et qui ne prend pas trop au sérieux les gens qui sont imbus d'eux-mêmes (dont, bien entendu, les politiciens). L'humour engagé et transgressif, comme celui des Zapartistes, fait également partie de l'univers culturel québécois. Ce n'est donc pas d'un manque de sens de l'humour dont je parle, mais d'une résistance à faire de soi-même, comme peuple, la cible du ridicule. La romancière et critique littéraire Solange Lévesque croit que le Québécois rit des personnages exceptionnellement « nonos » (niais) plutôt que de la caricature du Québécois moyen, car « il ne lui serait pas possible de rire de lui-même et de ce qu'il est réellement », cela en raison de son éternelle insécurité identitaire[8].

La série télévisuelle *La Petite Vie*, diffusée au milieu des années 1990, a été une excellente satire de la famille québécoise traditionnelle, un regard loufoque et intelligent sur les avatars de la vie quotidienne, mais aussi sur certains traits de l'imaginaire collectif québécois. L'engouement immense qu'elle a suscité – l'émission a réussi à attirer quatre millions de téléspectateurs – a démontré à quel point l'introspection par la caricature était jusque-là relativement absente de la culture de masse.

Ce véritable phénomène de société a aussi prouvé que les Québécois avaient envie de se regarder collectivement dans le miroir de l'absurde (quoique toujours par l'entremise de «nonos» surréalistes plutôt que de Québécois «ordinaires»). Mais, comme le dit Claude Meunier, le créateur de *La Petite Vie*, les protagonistes de ce téléroman sont «Névrosés, oui! Angoissés, oui! Mais pas *twits* [idiots]»; ils «ne sont pas des *losers*; ils seraient plutôt du genre *survivors*[9]». Meunier semble faire très attention à ne pas franchir le pas entre «rire avec eux» et «rire d'eux»: selon lui, ses personnages, très québécois, «ne sont pas ridicules; ils sont poussés au ridicule». Le même argument s'appliquerait au dernier grand phénomène télévisuel: la série *Les Bougon, c'est aussi ça la vie*. Ce portrait comique d'une famille de marginaux qui «vivent dans la crasse, n'ont pas de vrai travail et ne paient jamais leur loyer[10]» se déploie, comme *La Petite Vie*, dans un espace fortement marqué par l'identité populaire québécoise, si bien qu'un non-Québécois – même francophone – aura de la difficulté à comprendre entièrement le langage et les références culturelles. Les Bougon incarnent-ils par l'absurde une facette réelle de la société québécoise? Peut-être, mais encore une fois, on ne rit pas de ces Québécois caricaturaux, on rit *avec eux*. En effet, le protagoniste de la série, Rémy Girard, tient à préciser, lui aussi, que «les Bougon ne sont pas des *losers*, ce sont des *winners*». Bref, le handicap apparent des personnages – leur pauvreté, leur ignorance, leur débauche – cache leur véritable supériorité…

Faisons une petite expérience drôle. Si l'on *google* la phrase «blagues sur les Français», on obtient environ 17 700 pages. Or, si l'on effectue la même requête, mais cette fois avec la phrase «blagues sur les Québécois», nous n'en trouvons que… six! Bien sûr, non seulement les Français sont plus nombreux et plus connus dans le monde, mais ils attirent souvent la foudre de ceux qui abhorrent leur attitude «hexagonale». Mais si l'on observe les sites en question, on constate que bien des blagues sur les Français, y compris les plus cruelles (dont celles qui portent sur leur manque d'hygiène personnelle et de courage militaire face aux Allemands) semblent être racontées et lues par les Français eux-mêmes. Parmi les quelques «blagues sur les Québécois» que j'ai pu trouver sur Internet, les thèmes récurrents sont le *Newfie* – l'habitant de Terre-Neuve, qui joue, sans exception, le rôle du plus imbécile du groupe – et le sport (notamment à travers des références aux déboires du «Canadien», l'équipe de hockey de Montréal). Pour comparer, notons que les pages web avec des blagues sur les Argentins se comptent par centaines et que, dans presque tous les cas (y compris dans les sites qui sont basés en Argentine, mon pays d'origine), les blagues sur l'arrogance et l'inanité des Argentins abondent. Au Québec, par contre, ça ne prend pas grand-chose pour heurter les sensibilités. Odile Tremblay, critique culturelle au *Devoir*, réagit viscéralement au film bilingue *Bon Cop, Bad Cop* – une comédie qui oppose, avec une rare candeur, les clichés du Québécois indiscipliné et bon vivant et du Canadien anglais rigide et ennuyeux – en affichant son indignation face à ce qu'elle considère comme des «préjugés anti-Québec» typiques. Apparemment, dans ce cas, le péché est encore plus grand, car c'est un Québécois «de souche», Patrick Huard, qui a conçu le film et qui en a joué le rôle principal: «On doit être maso. Ça prend des Québécois pour beurrer sur leur propre dos des clichés plus épais que ceux que les autres nous cuisinent. Tout ça pour rameuter le Canada anglais devant notre cinéma. Venez rire de nous en foule, s'il vous plaît[11].»

Bref, si les Québécois ne rient pas beaucoup d'eux-mêmes comme le font les Français, les Belges ou les Argentins, ils aiment encore moins que les autres les trouvent ridicules: «Quand on se moque de nous, méchamment ou pas, je veux dire [...], nous sommes paranos et frileux! [...] Nous sommes très chatouilleux sur ce qu'on dit de nous à l'étranger, c'est épouvantable...», écrit Patrick Lagacé, chroniqueur au *Journal de Montréal*[12]. Plusieurs Québécois et non-Québécois expliquent cette attitude en évoquant la réalité d'un peuple dont la langue et la culture – ainsi que l'estime de soi – ont été systématiquement bafouées par les dominants. Cet argument – qui s'applique à beaucoup d'autres communautés minoritaires de la planète – est valable, sans pour autant nous permettre de saisir l'identité québécoise dans toute sa profondeur. Dans les prochaines pages, je vais poursuivre quelques pistes qui, selon moi, révèlent la complexité et la richesse d'une personnalité collective qui n'est pas réductible au syndrome du souffre-douleur.

La langue comme identité

La langue est l'aspect le plus visible de l'identité québécoise. Mais elle semble aussi constituer la quintessence de l'être québécois : pour ceux qui défendent à outrance le parler québécois, il est le symbole de la fierté et de la survivance collective ; pour ceux qui l'attaquent, il incarne l'étroitesse et le défaitisme d'un « petit peuple ». Comme dans tout débat de société, il existe des intellectuels qui portent de manière claire et explicite l'une ou l'autre de ces options extrêmes. Dans le cas qui nous occupe, il y a, d'une part, les champions du parler national et, de l'autre, les ayatollahs de la langue, qui dénoncent le localisme du français parlé par les Québécois. Les arguments des deux camps sont, jusqu'à un certain point, légitimes. Certes, les passionnés du joual se manifestent moins énergiquement depuis l'apogée nationale-populaire des années 1970. Défini par le Dictionnaire Hachette comme « Variété de français québécois caractérisée par un ensemble de traits phonétiques et lexicaux considérés comme incorrects », il n'est pas surprenant que le joual, au sens strict, soit aujourd'hui associé à un monde traditionnel que le Québec moderne et urbanisé a laissé derrière lui (le terme « joual » dérive de l'expression « parler cheval » et reflète l'ancienne prononciation aristocratique française). Les humoristes, les musiciens, les romanciers et les réalisateurs de films et de télévision puisent parfois dans ce réservoir culturel, mais leur intention est surtout de susciter le sourire complice ou la nostalgie d'un passé réinventé. Comme le signalait le romancier Pierre Monette, le joual « était censé calquer la langue des quartiers populaires de Montréal. Sauf que personne, dans la vraie vie, ne parle mal aussi bien que le font les personnages de Michel Tremblay ou de Réjean Ducharme[13] ». Dans *La duchesse et le roturier*, Tremblay imagine ce dialogue à bord du tramway Papineau dans les années 1940 :

> – Un Français au Théâtre National ! Ben, on aura tout vu ! Avez-vous tout compris, au moins ?

> – Bien sûr ! Vous parlez un français… rocailleux et… vieillot, c'est vrai, mais c'est quand même du français !

> – Ouan ? Ben c'est pas c'que tout le monde disait de l'aut'bord ! Quand on a débarqué en Normandie, on était des sauveteurs […]. Mais quand on a descendu à Paris, j'vous dis que c'tait pus pareil pantoute ! […] Aussitôt qu'on ouvrait la bouche tout le monde se roulait à terre[14] !

Certains Québécois récupèrent pourtant le label « joual » pour nommer le caractère distinct du parler québécois, sans l'attacher directement à un contexte sociohistorique donné, soit-il rural ou urbain, riche ou pauvre. Dans cette perspective, le joual contemporain englobe aussi les créations québécoises qui s'appliquent à la vie du XXIe siècle : « pourriel » (courrier indésirable, *spam*), « clavardage » (bavardage par clavier interposé), etc. Alors que le joual « traditionnel » et « folklorique » a nettement perdu du terrain, ils considèrent que « parler le joual » veut dire tout simplement « parler à la manière québécoise », ce qui implique employer « pantoute » (une contraction de « pas en tout ») au lieu de « pas du tout », le calque de l'anglais « bienvenu » pour répondre à « merci », l'anglicisme « chum » pour dire « copain », « sacrer » (jurer, blasphémer) avec des termes provenant de la religion catholique (« crisse », « calice », « tabarnak », « ciboire », « sacrement », « ostie », etc.), et ainsi de suite. Non seulement ces québécismes sont légitimes, croient-ils, mais ils représentent les jalons d'une continuité historique, les marques d'une identité collective à laquelle on tient farouchement. En répondant aux propos du professeur qui déplorait la ghettoïsation linguistique des francophones du Québec, la journaliste Julie Lemieux écrivait : « Les Québécois… veulent simplement être acceptés dans leurs différences. Ils aiment leur langue, ils n'ont pas honte de leur accent et ils ne veulent pas renier le joual qui s'est si bien transmis d'une génération à une autre depuis le début de la colonie[15]. » Bref, c'est *notre* façon de parler le français. Un point, c'est tout. À l'autre extrême de cette position, la commentatrice bien connue Denise Bombardier dénonce le culte de ce qu'elle appelle péjorativement « la langue d'icitte » : « Mettre en avant la qualité de la langue parlée est vécu comme une attaque contre l'identité québécoise par un nombre encore trop considérable de gens pour qu'on n'en soit pas alarmé. Quarante années de révolution culturelle tranquille n'auraient donc servi à rien[16] ? »

Bien que l'on puisse contester ce type de lecture catastrophiste, il est nécessaire de reconnaître que, au Québec, il existe bel et bien un problème en ce qui concerne la valorisation de la langue comme vecteur de culture, c'est-à-dire au-delà de sa fonction proprement communicationnelle et identitaire. Signalons, à ce propos, que les francophones du Canada, comparativement aux anglophones, affichent un niveau d'alphabétisme (compréhension et utilisation de l'information dans les textes) significativement moins élevé. Selon une étude de Statistique Canada, les francophones sont moins disposés que leurs compatriotes de langue anglaise à développer des habitudes quotidiennes de lecture et d'écriture, à fréquenter les bibliothèques et à posséder un nombre important de livres à la maison : « Si la moitié des francophones ne lisent que rarement ou jamais, la moitié des anglophones, à l'inverse, ouvrent un livre au moins une fois par semaine[17]. » Puisque la comparaison a été effectuée sur la base de groupes de même niveau de revenu et d'éducation, l'explication de l'écart ne peut qu'être liée à l'histoire d'une population moins éduquée pendant des générations : selon l'étude, « tant au Québec qu'à l'extérieur du Québec, [les francophones] ont été confrontés à des obstacles importants qui expliquent en bonne partie le retard qu'ils ont longtemps accusé en regard des anglophones[18] ». Cependant, on remarque une nette amélioration des compétences linguistiques chez les francophones depuis quelques décennies. Bien que l'écart demeure considérable, les nouvelles générations sont en train d'accomplir le rattrapage par rapport au reste du Canada.

Dans tous les pays que je connais, on trouve des intellectuels qui ne cessent de se lamenter sur la déchéance de la langue nationale. Ils déplorent la mauvaise qualité du langage des jeunes, la pauvreté du vocabulaire, la vulgarité des expressions, le nivellement par le bas dans les écoles, l'anglicisation des termes liés à la technologie, etc. Les Français s'en plaignent. Les Polonais s'en plaignent. Les Argentins s'en plaignent. Il serait naïf de ne pas y voir une lecture romantique du passé : il semblerait que, dans le bon vieux temps, les gens s'exprimaient avec finesse, politesse et grâce, comme s'ils étaient tous sortis d'un roman. Mais si le mythe d'une pureté et d'une richesse linguistique perdue sous-tend les débats dans ces pays, la situation au Québec est inversée : le temps idéal est dans l'avenir – dans l'amélioration du français, comme le souhaite Mme Bombardier – ou dans le présent, dans la construction volontariste d'une langue « à nous ». Je m'explique. Personne ne revendique sérieusement le parler du Canadien français d'avant la Révolution tranquille. Déjà, en 1915, Henri Bourassa, homme politique et fondateur du journal *Le Devoir*, s'inquiétait de la dérive d'une langue corrompue : « Parlons-la bien, alimentons-la à ses sources les plus limpides, affranchissons-la des lourdeurs et des impuretés dont notre paresse intellectuelle et l'usage fréquent d'une langue étrangère l'ont chargée. » Les Québécois semblent avoir suivi le conseil de Bourassa car, comme le rappelle Louis Cornellier, « plusieurs linguistes affirment que le français québécois d'aujourd'hui est meilleur [avec moins d'anglicismes] que celui de nos ancêtres[19] ». Dans son livre *Le vif désir de durer*, Marie-Éva de Villers présente une analyse fascinante du vocabulaire du journal *Le Devoir*. Elle observe que, si l'on prend cette publication en tant qu'exemple du français québécois actuel, on constate que «ce ne sont pas les archaïsmes et les dialectalismes qui [en] constituent la principale originalité», mais les québécismes modernes: courriel, téléavertisseur, aluminerie, décrochage, gicleur, cégep, pourvoirie, polyvalente, etc.[20]. Certes, *Le Devoir* n'est pas le lieu emblématique du parler populaire. Mais il constitue le miroir par excellence d'une classe moyenne francophone et cosmopolite qui aime bien s'affirmer dans son particularisme sans pour autant se replier sur elle-même.

C'est pourquoi les jugements de valeur à l'emporte-pièce ne rendent pas compte de la question de la «qualité» du français au Québec. Les critiques ont tendance à tout mélanger: le fait que les enfants tutoient les adultes est pris comme l'indice de la dégénérescence de la langue, au même titre que la persistance des genres incorrects («un image»), l'usage répandu de certaines contractions («chu» pour «je suis») et l'adoption du verbe *googler*. Ces phénomènes appartiennent à des domaines différents et doivent être considérés séparément. Le fait de parler «bien» ou «mal» le français ne se résume pas à une opposition unidimensionnelle. En fait, il y a, au moins, trois dimensions fondamentales sur lesquelles il faut se pencher: l'accent, le vocabulaire et la grammaire. Prenons d'abord l'accent. Un groupe peut parler avec une cadence distinctive (ils «chantent la langue», selon la perception des étrangers). Ce groupe peut également modifier, allonger ou affaiblir de manière systématique certaines voyelles. Aussi, les membres de ce groupe peuvent compresser une chaîne de sons, inverser des lettres ou en ajouter pour marquer des espaces entre certains mots. Les francophones du Québec font tout cela, à des degrés variables et avec des conséquences disparates sur le plan de la communication avec d'autres francophones. Dire «aréoport» est sans doute erroné et l'usage de «déplugger» au lieu de «débrancher» est injustifié, mais l'ajout du *t* final dans «bout» peut bien être considéré comme une modalité acceptable d'emphase, sans que cela nuise à la compréhension ou viole une règle fondamentale de la langue française (notons d'ailleurs que certains Français prononcent le *t* final dans «but», ou encore le *l* final dans «persil» et «nombril», alors que les Québécois ne le font jamais). En ce qui concerne la phonétique, certaines pratiques (par exemple, le «t» suivi d'un «e» ou d'un «u» devient «ts») reflètent des variations légitimes de la langue, indépendamment des jugements esthétiques que chacun peut poser à leur égard. Toujours sur le plan de l'accent (la façon d'énoncer), la vocalisation claire, la capacité de moduler sa voix et la reconnaissance de l'existence de plusieurs niveaux de langage (familier, soutenu, formel) font partie d'un capital culturel qui relève plus des conventions sociales que de la «qualité de la langue» en soi.

Quant au vocabulaire, il est extrêmement difficile de trancher sur le plan normatif. Les mots, nous le savons, sont des artefacts arbitraires: le terme «chat» désigne le chat, sans que pour autant la chaîne de lettres «c-h-a-t» possède un quelconque privilège en dehors de la règle sémantique qui la lie – arbitrairement – à l'objet chat. Le vocabulaire des Québécois comporte «des archaïsmes, des emprunts à l'anglais, des néologismes... des extensions de sens[21]». La façon de nommer les choses évolue en fonction de l'environnement dans lequel la langue se déploie. On peut remplir des pages et des pages avec les mots exclusifs ou caractéristiques du parler québécois (plusieurs livres et sites web sont consacrés aux québécismes). Or, j'ai toujours trouvé aberrant que l'on réprouve le français d'ici en raison des termes que les Québécois emploient pour décrire leur vie quotidienne et leur société. Pourquoi serait-il plus approprié de dire, quand il s'agit de doubler un film américain, «un mec qui se fait flinguer dans la tronche» (en argot parisien) plutôt qu'«un gars qui mange une claque dans' gueule» (en joual québécois)[22]?

Venant d'un pays qui parle un espagnol aussi éloigné de l'espagnol d'Espagne que le français québécois l'est du français de France, il me semble tout à fait naturel de constater nos divergences. Peut-être, dans l'univers hispanophone, cette attitude est-elle plus répandue en raison d'un rapport de force très différent de celui qui structure le monde francophone. En effet, l'Espagne ne représente pas un véritable «phare» de prestige et d'autorité sur le plan de la langue. J'ai grandi dans un pays où l'accent de Madrid et les espagnolismes constituaient un objet de curiosité. «Ils ont une drôle de façon de parler, ces gens-là!», disions-nous. Pour plaisanter, nous imitions ces étranges «z» castillans que nous entendions à la télévision. Chaque pays de l'Amérique latine possède un vocabulaire distinct et, dans plusieurs cas, même la prononciation de certaines lettres et la conjugaison des verbes varient significativement d'un endroit à l'autre. Je m'amuse à remarquer qu'à peu près dans chaque phrase que j'échange avec des gens de l'Amérique centrale, il y a au moins un mot que l'on n'utilise jamais ou très rarement dans le pays de l'autre. En Amérique latine, nous n'avons pas d'espagnol «standard». Pour dire «piscine», je dis *pileta*, mes amis mexicains disent *alberca* et mes amis vénézuéliens disent *piscina*. Aucun de nous ne prétend posséder la manière «correcte» de le dire! Quand j'explique cela à des Québécois, ils se montrent souvent incrédules, tant l'idée d'une «norme» internationale fait partie de la mentalité francophone. En fait, si je me fie au cas de l'espagnol, du portugais et de l'anglais, même si les «mères patries» conservent un certain «droit de propriété» sur leur langue et peuvent se réclamer d'une sorte de «pureté» originelle, la forte hiérarchie qui prédomine dans la francophonie, avec un centre indiscutable de correction linguistique (à Paris), est assez exceptionnelle. Rien n'exprime mieux ce rapport brutalement asymétrique de centre-périphérie que cette déclaration de Maurice Druon, secrétaire perpétuel honoraire de l'Académie française, dans le cadre d'une émission à Radio France Internationale: «Ce n'est pas au Québec que j'irai prendre des leçons de langue française.»

Cette réflexion nous amène tout naturellement à soulever la question suivante, difficile mais légitime: pourquoi l'immigrant adopterait-il pour lui-même et, encore plus important, pour ses enfants une langue *minoritaire* dans sa version *périphérique*? Comme je l'ai dit dans le chapitre premier, l'immigrant cherche généralement à optimiser les conditions de réussite de sa nouvelle vie. Il aura donc un rapport éminemment utilitariste à l'égard de la langue. Face au choix entre la langue de la majorité nord-américaine, qui est aussi, sans conteste, la langue dominante de la mondialisation culturelle, économique et technologique et une langue quantitativement secondaire dont plusieurs de ses propres locuteurs déplorent la qualité déficiente, qui peut blâmer les nouveaux arrivants de pencher massivement pour l'anglais, notamment lorsqu'il s'agit de travailler et d'éduquer les plus jeunes? Il serait insensé d'exiger des immigrants l'attachement à une langue dont ses propres locuteurs natifs ne semblent pas vouloir relever la qualité grammaticale. Mais il serait également aberrant de ne pas reconnaître la frustration que cette indifférence envers le sort du français comme substrat identitaire suscite chez les Franco-Québécois. Un homme qui participait à un groupe de discussion sur le «conflit entre les Néo-Canadiens et les francophones de Montréal» en 1970[23], dans le cadre d'une recherche développée par Paul Cappon, exprimait clairement les termes du dilemme: «Je veux seulement que les immigrants n'aggravent pas le déséquilibre. [...] Si j'avais été immigrant, j'aurais probablement fait de même [s'assimiler aux anglophones], néanmoins il y a une question de justice pour une partie de la population. Est-ce que je dois imposer mes buts parce que ça fait mon affaire?»

Un immigrant d'origine italienne faisait appel à une comparaison imagée pour préciser la raison qui l'amenait à privilégier une approche pragmatique: «Moi, je suis un immigré. Je ne veux être ni du côté des anglophones ni du côté des francophones. Alors, je garde le côté pratique et je jette à terre les sentiments parce que le français est bon pour l'amour et l'anglais pour les affaires...»

La réponse véhémente d'une Québécoise ne s'est pas fait attendre: «Alors, qu'au bout de dix ans, on disparaisse, vous vous en foutez! [...] Pourquoi il y a des bureaux pour que les immigrants soient renseignés, et vous, quand vous arrivez, pas de sentiment! Les Québécois, on s'en fout. Le seul souci, c'est de faire le plus d'argent possible, d'augmenter son niveau de vie, mais ce qui peut se passer au Québec, on s'en fout. »

La riposte immédiate de l'immigrant fut sans équivoque : « C'est exact ! »

Près de quarante ans se sont écoulés depuis que cet échange a eu lieu. Certains diront que rien n'a changé, que le dialogue – où l'on voit nettement l'exaspération du Québécois face au pragmatisme de l'immigrant – pourrait se dérouler exactement de la même façon entre les enfants des deux participants. Il va de soi que, du point de vue du nouvel arrivant, l'enjeu linguistique ne revêt pas les mêmes significations et les mêmes passions que pour un Québécois « de souche ». Il y a, bien sûr, des immigrants qui s'identifient à la cause québécoise, qui appuient le projet souverainiste et qui adoptent même un discours revendicateur et militant. Mais ils constituent une minorité. Ceux qui méprisent ou dévalorisent le français sont aujourd'hui marginaux. La plupart des Néo-Québécois affichent un certain degré d'estime à l'égard du fait français au Québec. Cette estime peut découler de leur sympathie envers la résilience des francophones (le petit village gaulois qui résiste à l'américanisation du monde, le David face au Goliath anglo-saxon), d'une attitude réaliste face à une société qui fonctionne majoritairement en français (la maîtrise du français est un atout, voire une nécessité pour se trouver un emploi), de l'attrait du bilinguisme (ou du trilinguisme) dans le contexte actuel, ou des trois à la fois. Mais il ne faut pas se leurrer : les Québécois ont compris il y a longtemps que la seule manière de contrer la tendance spontanée des immigrants vers l'adoption de l'anglais est de tout simplement éliminer leur choix en matière linguistique. Le 26 août 1977, le premier gouvernement du Parti Québécois adopte la Charte de la langue française (connue aussi comme la loi 101) qui impose « l'usage exclusif du français dans l'affichage public et la publicité commerciale », « étend les programmes de francisation à toutes les entreprises employant cinquante personnes ou plus » et « restreint l'accès à l'école anglaise aux seuls enfants dont l'un des parents a reçu son enseignement primaire en anglais au Québec[24] ». Dans son préambule, la Charte établit un lien direct entre le peuple majoritaire, sa langue et son identité, cela «dans le respect des institutions de la communauté québécoise d'expression anglaise et celui des minorités ethniques»: «Langue distinctive d'un peuple majoritairement francophone, la langue française permet au peuple québécois d'exprimer son identité.»

Une suite d'arrêts de la Cour suprême du Canada (qui trouve inconstitutionnels certains aspects de cette législation car, selon la Charte canadienne des droits et libertés adoptée en 1982, ils violent les droits de la minorité anglophone du Québec) amène le gouvernement provincial à modifier et à assouplir certaines conditions en 1988, au moyen de la loi 178 (par exemple, on permettra aux anglophones des autres provinces canadiennes l'accès au réseau scolaire anglais du Québec et l'on exigera la «nette prédominance» plutôt que l'usage exclusif du français dans l'affichage commercial). L'essentiel de la loi 101, c'est-à-dire la francisation obligatoire des enfants des immigrants dans le système scolaire primaire et secondaire (public ou privé subventionné), demeure inchangé et constitue, indéniablement, le socle d'une mutation sociétale sans précédent. Au bout du processus politico-légal, on en arrive à une relative «paix linguistique», ce que même John Richards, membre du *think tank* conservateur C. D. Howe Institute de Toronto, appelle un «compromis fort raisonnable[25]». Cela ne veut pas dire pour autant que le statu quo satisfasse tout le monde. Les critiques – généralement non francophones – crient au piétinement des droits et des libertés individuelles par un «État oppressif». D'autres, par contre, considèrent que la loi ne va pas aussi loin que nécessaire pour assurer la protection du français et que trop de concessions ont été faites pour acheter cette «paix». Ils pensent, par exemple, que l'obligation d'étudier en français devrait s'étendre au cycle pré-universitaire (soit au cégep ou «Collège d'enseignement général et professionnel»).

Le journal de langue anglaise *The Montreal Gazette* critique régulièrement ce qu'il voit comme les excès de la «police de la langue» (les fonctionnaires de l'Office québécois de la langue française qui veillent à l'application de la Charte): par exemple, un éditorial décrit – dans le but évident de les ridiculiser – comment des inspecteurs ont fait une « descente » aux bureaux de la ville de Richmond, dans les Cantons-de-l'Est, pour exiger, entre autres, le remplacement des étiquettes *On* et *Off* des interrupteurs des climatiseurs par *Marche* et *Arrêt*[26]. Le *Journal de Montréal*, quant à lui, publie les résultats d'une enquête qui démontre que « près de 30 ans après l'entrée en vigueur de la loi 101, de nombreux commerces du centre-ville ne respectent toujours pas les règles concernant l'affichage en français[27] ». Le gouvernement québécois est-il trop zélé ou trop laxiste dans l'application de la Charte de la langue française? Apparemment, cela dépend du point de vue que l'on adopte. Les diagnostics sur l'usage public du français varient aussi en fonction de l'idéal à partir duquel on mesure le succès ou l'échec des efforts de francisation. Jean Dorion, président de la Société Saint-Jean-Baptiste de Montréal, un bastion du nationalisme québécois, affirme que « la langue française perd constamment du terrain au profit de l'anglais[28] ». Josée Boileau, éditorialiste du journal *Le Devoir*, retient aussi l'image du français assiégé, toujours en péril : « Et dans ces mailles trop lâches, l'anglais, si facile à apprendre, si amusant à parler, si efficace pour communiquer, continue de s'infiltrer[29] ». Cependant, l'Office québécois de la langue française a diffusé un communiqué qui dresse un portrait moins négatif de la situation actuelle :

> [L]es études les plus récentes sur la situation du français démontrent que le français domine comme langue de service dans la région de Montréal. En effet, 85 % des personnes interrogées se sont fait aborder et servir plus souvent en français qu'en anglais dans les commerces qu'elles ont fréquentés au cours des six derniers mois. Au chapitre de la langue de travail, le français est la principale langue de travail de 72,4 % des personnes qui travaillent dans la région de Montréal. Enfin, le recensement de 2001 révélait que le français est connu par 91 % de la population de la région de Montréal et qu'il est la langue la plus utilisée dans 78 % des foyers de cette région. Le français est aussi devenu la langue de plus en plus choisie par les personnes de langue maternelle tierce (il est passé de 33 % en 1991 à 43 % en 2001)[30].

Les effets de la loi 101 dans le sens d'une consolidation du statut du français au Québec sont indiscutables, si bien que les immigrants ont parfois de la difficulté à comprendre le discours alarmiste sur la fragilité du fait français, surtout quand ils constatent sa présence et sa vitalité dans toutes les sphères de la vie collective. Ils se disent que les craintes des Québécois pouvaient être fondées il y a trente ou quarante ans, mais que dans le contexte actuel les institutions politiques et juridiques, ainsi que l'appui de la vaste majorité de l'opinion publique, assurent la pérennité du caractère français au Québec (d'autant plus que la proportion de francophones demeure stable à environ 80 % depuis le début des années 1950). Les Néo-Québécois sont désorientés par ce qui semble un état d'insatisfaction constante chez les Québécois « de souche », même à la lumière des progrès évidents dont ils devraient être fiers. On demeure confus si l'on ne saisit pas que le sentiment de mener un combat incessant pour rester soi-même et la disposition à ne jamais prendre pour acquis la permanence de la langue française sont au cœur de la personnalité québécoise. Jacques Godbout, l'intellectuel bien connu, a suscité une tempête médiatique en s'attaquant à ce qu'il appelle les « tabous », la « rectitude politique », les « consensus mous » et la « naïveté » qui empêchent de voir que « nous reculons sous la pression des conservatismes multiculturels » et que « tout se passe comme si [...] il serait impossible d'intégrer l'immigré dans notre société moderne[31] ». Statistiques à l'appui, Godbout apporte des dates précises à son scénario apocalyptique : « Il faut comprendre qu'en trois générations, d'aujourd'hui [en 2006] à 2076, s'affirme ou se brade l'héritage culturel québécois, sa créativité, son originalité, sa mémoire. »

Le souvenir d'un temps où les francophones étaient traités comme des citoyens de seconde classe ne s'est pas effacé. Tout Québécois qui a grandi à Montréal dans les années 1940 et 1950 – comme Godbout lui-même – vous parlera de l'humiliation subie par lui ou par un membre de sa famille quand il s'est aventuré dans le grand magasin Eaton, où le dédain des employés anglophones envers les clients francophones était légendaire. Ce symbole de l'infériorisation culturelle est si puissant que, même durant la campagne électorale de 2007, les «dames anglaises de chez Eaton» ont été évoquées par le chef du Parti Québécois afin de motiver un groupe d'étudiants à se joindre au projet souverainiste[32]. Déjà, en 1924, deux voyageurs français décrivaient ce que nous appellerions aujourd'hui une *blessure narcissique*: «On devine aisément la plaie secrète de ces braves gens. Ils ont souffert dans leur amour-propre», cela en raison d'avoir subi si longtemps «la loi du conquérant[33]». Même aujourd'hui, presque quarante ans après l'adoption du bilinguisme au niveau fédéral, la blessure n'a pas guéri. La Loi sur les langues officielles de 1969, révisée en 1988, vise à «assurer le respect du français et de l'anglais à titre de langues officielles du Canada». Mais leur égalité est loin d'être accomplie dans les faits, même si des progrès remarquables peuvent être constatés. Quiconque voyage régulièrement avec Air Canada sait à quel point le français est massacré par des employés qui, somme toute, sont bien intentionnés. Quand le monument commémoratif de Vimy, en France (où les troupes canadiennes ont remporté une victoire cruciale durant la Première Guerre mondiale) a été restauré en 2007, des journalistes de Radio-Canada ont remarqué, à peine quelques jours avant la cérémonie inaugurale qui devait se tenir en présence du premier ministre du Canada, de la reine Élizabeth II et du premier ministre de France, que les plaques comportaient des fautes majeures dans leur version française. Pour les Franco-Québécois, cet incident illustre, pour la énième fois, le statut secondaire qu'Ottawa assigne à leur langue: les travaux de restauration ont coûté 20 millions de dollars, mais la traduction des textes de l'anglais au français a été confiée à des bénévoles britanniques[34]!

Les Franco-Québécois ne sont pas les premiers à tenter de renverser le rapport de pouvoir qui rend leur identité subalterne. Parfois, des minorités opprimées ont réussi à faire de leur parler, de leur musique et de leur cuisine un élément socialement acceptable, voire désirable, mais cela au prix de l'adapter au goût de la majorité (pensons, par exemple, à la musique rap des Noirs des États-Unis). Mais l'identité québécoise ne s'est jamais engagée dans ce type de dynamique. La « folklorisation » d'une culture comporte un double mouvement de reconnaissance de sa nature « autre » – par rapport à la norme – et de son cantonnement à un espace particulier : la nourriture, l'art, certaines habitudes, etc. Le cas emblématique de ce phénomène est le « caractère français » de la Louisiane, qui se résume à quelques traits superficiels. Les Québécois, en revanche, ont réussi à préserver le noyau de leur identité et ils sont très conscients de l'effort collectif que cela a demandé. Mais ils ont, eux aussi, payé un prix considérable : l'insécurité, le doute de soi, l'ambivalence se sont inscrits dans l'identité elle-même. Il me semble que le Québécois est tiraillé entre la crainte d'être *trop soi-même* – ce qui implique se replier sur une identité inférieurisée – et la tentation d'être *autre chose que soi-même*. Dans ce cadre, la langue est devenue le gage ultime d'authenticité. Soyons clairs : l'identité québécoise ne se réduit nullement à la langue. Mais la langue est le miroir qui permet aux Québécois de se reconnaître en tant que tels. Il n'est donc pas surprenant qu'elle soit investie par des hantises et des fantasmes que les étrangers – ceux qui ne partagent pas leur mémoire comme peuple – ont du mal (« de la misère », devrais-je dire ?) à percevoir.

Être ou ne pas être quétaine ?

L'observateur avisé ne tarde pas à noter que beaucoup de Québécois ont horreur de paraître « quétaines ». Bien que le sens du terme « quétaine » (ou « kétaine ») se soit généralisé à tout ce qui est grossier, déplacé ou démodé, il faut retenir que le renvoi aux standards sociaux du mauvais goût est toujours implicite. Ce qui est quétaine relève presque toujours de l'apparence, du regard des autres qui jugent et qui désapprouvent. Le journal *Le Soleil* publie régulièrement dans la section des sports une entrevue avec une personnalité, sous le titre « 20 questions à… ». L'une de ces vingt questions est toujours la suivante : « [Avez-vous] un plaisir quétaine inavouable ? » Cette formule révèle la vraie portée du qualificatif: certains gestes peuvent trahir notre véritable essence devant ceux qui nous entourent. Le questionnaire que l'on soumet aux acteurs de l'émission *Ramdam* de Télé-Québec leur donne également l'opportunité d'avouer une faiblesse: «As-tu un côté quétaine?» Autrement dit: qu'est-ce qu'il y a derrière ta façade *cool*? Dans ses entretiens avec des chanteurs québécois qui ont été mis en nomination aux prix de l'ADISQ (Association québécoise de l'industrie du disque, du spectacle et de la vidéo), Patrick Gauthier, du *Journal de Montréal*, leur pose, lui aussi, ce type de question qui a trait à la honte de soi: «Si vous remportez un prix demain, qui aimeriez-vous remercier que vous n'oseriez pas nommer de peur d'avoir l'air quétaine?» Pourquoi cette obsession avec la «peur d'avoir l'air quétaine» en public si l'on dévoile une préférence qui ne serait pas cohérente avec les normes sociales du bon goût? Il ne faut pas être psychanalyste pour voir dans l'image du quétaine le repoussoir de tout ce que le Québécois moderne vise à effacer de son identité collective. On met souvent – et correctement – l'accent sur le contraste entre le paysan canadien-français traditionnel d'il y a trois ou quatre générations et le citadin québécois contemporain, mais la figure qui incarne le véritable côté obscur de cette dichotomie entre l'être profond et l'apparence est celle du *Québécois américanisé* à la faveur de l'industrialisation – et de la prolétarisation des couches populaires – qui a eu lieu durant le XXᵉ siècle: c'est le stéréotype du Québécois du bungalow, de la bedaine et du polyester, de la bière et de la poutine. Bref, le parvenu à la crasse nord-américanité. C'est la caricature du Québécois immortalisé dans le film *Elvis Gratton* que Pierre Falardeau a réalisé en 1985: le protagoniste, «un gros cave qui habite en banlieue, avec une grosse maison, une grosse tondeuse et un gros garage[35]», est un «sublime monument au quétaine québécois[36]». Sur le «Panthéon de la kétainerie» (ketaineries.com), on trouve un exemple qui décrit parfaitement – et avec un rare sens de l'autodérision – l'aliénation culturelle à la base du caractère quétaine: «Un Québécois francophone qui vérifie la performance de boîtes de son ou de haut-parleurs en employant l'expression : *"Testing... One... Two... Three!!!"* Au lieu de le dire en français. Pense-t-il qu'ils vont mieux fonctionner s'il utilise l'anglais ??? »

Le Québécois de cette anecdote n'est pas nécessairement un abruti. Il n'est pas quétaine parce qu'il parle l'anglais ; il l'est parce qu'il *veut* le parler, parce qu'il croit qu'il *faut* parler l'anglais. Il est pathétique parce qu'il se ridiculise publiquement en tentant d'être autre chose que lui-même. Les dictionnaires font habituellement équivaloir le mot « quétaine » à « ringard », « kitsch » et « tartignole ». Serge Fournier, professeur de littérature et de linguistique au collège Shawinigan, définit « quétaine » ainsi : « Individu jugé comme décadent en regard des mœurs, des modes (plus particulièrement des vêtements), des idées, des valeurs, de la compétence[37]. » Ce type de définition est utile, mais elle n'arrive pas à donner au non-Québécois une idée de tout l'univers de significations que l'expression connote et recouvre. Comme n'importe quel étranger le sait, le sens d'un mot – surtout quand celui-ci appartient au domaine du parler populaire (argotique) – est difficile à cerner en dehors des situations concrètes de son usage et des fondements culturels sur lesquels il repose. C'est pourquoi j'ai fait ce que les sociologues appellent une « analyse du discours ». J'ai retenu les 133 articles de la presse québécoise (les principaux journaux et magazines) qui, entre août 2005 et août 2006, ont employé le vocable « quétaine ». Cela m'a permis d'identifier les termes qui lui sont associés, non pas nécessairement en tant que synonymes, mais comme des éléments qui font partie de l'« univers quétaine ». Cette approche possède l'avantage de capter le contexte réel dans lequel un mot est utilisé et offre à celui qui n'en connaît pas le sens précis la possibilité de comprendre le champ de ses applications. En voici la liste alphabétique :

> arriéré
> banal
> Barbra Streisand
> bingo
> ça nous fait rire

Céline Dion
chanson française
cheap
cliché
country
cucul
culture western
dépassé
épais
folklore
Ginette Reno
inculte
insulter
kitsch
Lara Fabian
latin
mépris
Michèle Richard
moquer
naïf
new age
nostalgique
nul
populaire
restaurant de bord de route
ridicule
romantisme
sentimental
simpliste
stupide
tricot
vulgaire

Le lecteur familier avec la culture québécoise n'aura pas de difficulté à trouver la cohérence interne de cette liste. Mais le lecteur étranger ou récemment arrivé (ou faiblement intégré) sera peut-être étonné d'y voir certains termes. Si l'on se fie à cette énumération – qui est nécessairement partielle – on pourra dire que le quétaine est grotesque (ça nous fait rire, moquer, ridicule), peu sophistiqué (banal, cliché, cucul, épais, inculte, naïf, nul, simpliste, stupide), démodé (arriéré, dépassé, nostalgique), de qualité inférieure (cheap, kitsch, populaire, vulgaire), émotif (latin, romantisme, sentimental) et dévalorisant (insulter, mépris). Sur le plan des goûts, le quétaine englobe certains genres (la chanson française, la musique country, le folklore, la culture western), certaines habitudes (le bingo, le new age, le restaurant de bord de route, le tricot) et certaines icônes de la «chanson d'amour» (Barbra Streisand, Céline Dion, Ginette Reno, Lara Fabian, Michèle Richard). L'individu quétaine typique qui ressort de ce portrait-robot a, bien sûr, des équivalents dans toutes les cultures traversées par la consommation de masse. Les intellos, les non-conformistes, les snobs et les élites définissent ce qui est *in* et ce qui est *out* dans chaque société. Mais dans ces pays, généralement plus hiérarchiques que la société québécoise, la frontière entre le bon et le mauvais goût tend à coïncider avec la division en classes. La peur de paraître kitsch ou ringard n'est pas généralisée. Seules les personnes socialement peu sûres d'elles – notamment celles qui montent dans l'échelle sociale et les immigrants – extériorisent leur angoisse face à un possible faux pas culturel.

L'une des choses qui frappe le plus quand on arrive au Québec, c'est le fort égalitarisme social qui prévaut dans la vie de tous les jours. Venant du «Vieux Monde» ou du «Tiers Monde», l'immigrant est habitué à déceler dans la société un système de hiérarchie qui, souvent, s'exprime par le biais de codes implicites mais connus de tous. Dans le mélange racial qui caractérise l'Amérique latine, par exemple, les divers degrés de «blanchitude» sont habituellement associés à une échelle de prestige social. Il va de soi que le langage est aussi fortement investi par cette stratification de la population. Des accents et des styles de langage particuliers sont souvent corrélatifs aux positions que l'on peut occuper sur l'échiquier social. Puisque la géographie est généralement marquée par ces inégalités sociales, il est facile d'identifier les zones du «bon parler»: le XVIe arrondissement à Paris ou le Barrio Norte à Buenos Aires sont emblématiques de la richesse, mais aussi de l'idiome des élites. À l'échelle nationale, les accents « de province » sont dévalorisés (et ridiculisés) par les gens qui maîtrisent la norme linguistique du centre. Au Québec, on retrouve des variations régionales sur le plan de la langue (l'accent du Lac-Saint-Jean, par exemple) et, comme nous l'avons vu, le joual est associé à l'origine aux secteurs populaires. Cependant, les écarts sont significativement moins clairs. En effet, même si l'on peut discerner quelques différences sociales, il n'est pas évident que l'accent d'Outremont ou d'un autre quartier huppé de Montréal s'érige comme sommet du « bon parler ». Cela est dû au fait que, au Québec, les pôles du prestige social et culturel se sont historiquement inscrits dans un rapport d'extériorité : les classes dirigeantes parlaient l'anglais, et le français normatif – par définition inatteignable – se trouvait de l'autre côté de l'Atlantique. L'égalitarisme québécois – le « démocratisme », selon ses critiques – se manifeste dans un parler relativement uniformisé à travers les couches sociales. On dira que cet égalitarisme linguistique est typique de l'Amérique du Nord. C'est vrai, mais ce serait erroné de croire pour autant qu'aux États-Unis il n'y a pas de distances importantes en matière linguistique : l'anglais du Sud est considéré quétaine, comme toute la culture qui lui est associée (les parallèles entre cette région et le Québec sont d'ailleurs intéressants). En plus, n'oublions pas que, chez notre voisin, les clivages ethniques jouent un rôle clé : le « ebonics », qui peut être vu comme le dialecte des Noirs étasuniens, est méprisé par la culture dominante. Ce qui semble unique au Québec, c'est que la stigmatisation est distribuée de manière quasi égalitaire parmi les francophones. Dans ce contexte hautement atypique parmi les sociétés réceptrices d'immigration, même les élites locales peuvent faire l'objet de dénigrement de la part des minorités : « En Allemagne, les intellectuels des minorités ethniques doivent affronter le chauvinisme national de plusieurs intellectuels allemands. Au Québec, ce sont les intellectuels québécois qui doivent se confronter à l'attitude condescendante de plusieurs intellectuels des communautés ethniques, voire au mépris de certains, face à la culture québécoise dominée, marginale, seconde[38]. »

Le mot quétaine renvoie, à mon avis, à l'une des tensions principales qui habitent l'identité québécoise. Ce terme synthétise ce que le Québécois «moyen» ne veut pas être, mais aussi ce qui résiste à s'éclipser et qui peut refaire surface, peut-être sous une autre forme socialement plus acceptable ou, encore, dans l'intimité. Parfois, le quétaine peut devenir chic (dans ses versions «rétro» et «postmoderne») et, dans certains contextes, assumer ses penchants quétaines peut même aider à projeter une image d'assurance et d'honnêteté (comme, par exemple, la comédienne de *Ramdam* qui, à la question «As-tu un côté quétaine?», répond: «Disons que je ne déteste pas écouter du Céline Dion.»). Mais, dans la plupart des cas, il faut faire attention à ne pas *trop* le paraître. Un «test» sur le Portail MSN.ca vous permet de mesurer votre degré de quétainerie en répondant à quinze questions. Sur un total de 37 737 personnes qui ont participé, 67 % se rangent dans la catégorie «Quétaine à vos heures, le phénomène vous amuse» (donc vous êtes suffisamment sûr de vous-même pour pouvoir vous permettre quelques dérapages), alors que seulement 2 % se retrouvent dans la catégorie «Quétaine, et fier de l'être!». Il va de soi que ces données n'ont aucune valeur «scientifique» comme sondage. Pourtant, la distribution des réponses montre que, même dans le cadre d'un jeu banal et anonyme, les gens ont tendance à ne pas vouloir s'autoreprésenter comme «trop quétaines». L'existence même d'un test sur la quétainerie que 37 737 personnes (dont moi) ont pris la peine de passer témoigne de la forte prégnance de ce thème dans l'imaginaire québécois. Quand les journalistes posent la question sur les goûts quétaines «inavouables» des interviewés, ils mettent le doigt sur cette dimension problématique de l'être et du paraître québécois.

*
* *

Les Franco-Québécois – comme d'autres minorités longtemps intégrées dans une majorité qui accepte leur différence dans la mesure où celle-ci est inférioirisée – ont toujours oscillé entre la fidélité extrême à leurs origines et la pulsion collective vers l'auto-élimination. Un aspect de l'histoire du Québec qui est étonnamment absent de bien des narrations et des chronologies nous éclaire sur cette contradiction inhérente à son identité : le désir de perdurer dans sa particularité et le désir de se fusionner avec l'autre. Je réfère au « grand exode », l'émigration d'environ 900 000 Canadiens français vers les États-Unis, surtout vers la Nouvelle-Angleterre, entre le milieu du XIXᵉ siècle et 1940. Même si ce flux s'étale sur plusieurs décennies, l'ampleur du phénomène demeure impressionnante. Ce chiffre représente un tiers de la population du Québec des années 1930. Certains démographes estiment que le nombre de Franco-Québécois serait le double aujourd'hui si ces émigrants avaient choisi de rester chez eux. Qu'est-il arrivé à ces gens ? Nous savons qu'ils se sont établis dans plusieurs villes du Maine, du Vermont, du Michigan et ailleurs pour travailler dans les usines, généralement dans l'industrie textile. Souvent, ces immigrants ont fait des efforts considérables dans le but de maintenir leur langue, leur religion et leur mode de vie. Ils ont bâti des « petits Canada », c'est-à-dire des enclaves qui visaient à recréer l'environnement canadien-français, avec leurs propres écoles, paroisses et publications. Or, cet univers allait se heurter à une société peu tolérante face à la différence. Une étude récente effectuée par Amy E. Rowe, du collège universitaire Colby, à propos des descendants des Canadiens français de la ville de Waterville – une ville particulièrement significative dans le processus migratoire des Franco-Québécois vers la Nouvelle-Angleterre – nous donne un aperçu captivant de la réalité difficile à laquelle ceux-ci ont dû faire face[39]. Tout d'abord, quand on apprend qu'une large proportion de la population contemporaine de l'État du Maine est d'origine québécoise, on réagit avec un peu d'incrédulité. Où sont les traces de cette présence francophone ? Presque nulle part, en tout cas, elles ne sont pas visibles. J'ai visité Waterville avec ma conjointe et mes enfants pendant que je rédigeais ce livre. Selon Mᵐᵉ Rowe, au moins la moitié de sa population actuelle aurait des ancêtres canadiens-français! Déterminé à trouver les marques de ce passé, j'ai commencé par les renseignements les plus évidents : les noms de famille. Une petite enquête informelle – j'étais tout de même en vacances! – m'a permis d'observer plusieurs Cloutier, Gauthier et Poulin sur les boîtes aux lettres que je trouvais sur mon chemin. Lorsque je me suis enquis d'un restaurant très populaire de la région, nommé Big G, fameux pour ses gros sandwichs, j'ai appris que son fondateur était un dénommé Jerry (Gérard ?) Michaud. Dans l'annuaire, des pages entières sont remplies de patronymes typiquement québécois. Mais cela semble être tout ce que l'on peut repérer objectivement. Une femme âgée qui a vu la plaque d'immatriculation de notre voiture s'est approchée et s'est exclamée : « Ah! La Belle Province! » Elle voulait savoir si nous parlions français. Quand je lui ai répondu que c'était bien le cas, elle m'a demandé, avec un fort accent : « Vous retournez *back* au Québec? » Une autre femme dans la cinquantaine que ma conjointe a rencontrée à Waterville lui racontait que sa grand-mère parlait le français et que sa mère le comprenait, mais qu'elle-même n'avait aucune connaissance de la langue de ses ancêtres. Son nom de famille était à l'origine Bourque, mais sa mère l'avait changé en Burke. Ces conversations m'ont beaucoup fait réfléchir. Pourquoi ces gens ont-ils si radicalement abandonné leur identité?

La pression exercée par le modèle du melting-pot étasunien a toujours joué un rôle crucial dans l'assimilation des immigrants. Mais dans le cas des Franco-Québécois du Maine, cette tendance a été renforcée par des dynamiques politiques, légales et sociales extrêmement dures à leur égard. L'État a imposé l'anglais comme langue unique d'enseignement scolaire en 1919. La visée de défrancisation était explicite. Les entrevues effectuées par Mme Rowe dressent un tableau effroyable de l'époque. Les enfants qui parlaient le français à l'école, même durant la récréation, étaient cruellement punis et humiliés. Mais cela n'était qu'une partie du processus. Par exemple, les enseignantes de français dans le secondaire – des anglophones qui avaient appris la norme parisienne – se moquaient de la langue et de l'accent des Franco-Québécois. Autrement dit, ces jeunes étaient châtiés pour parler le français au lieu de l'anglais à l'école, mais durant la leçon de français ils se faisaient dire que leur patois était abominable. Quand ils «corrigeaient» leur français, en le rendant plus «français», leurs parents leur faisaient des remontrances à la maison. Si la vie des enfants n'était pas facile, celle des adultes l'était encore moins. Les travailleurs québécois étaient considérés comme dociles et primitifs. Les épithètes *Frogs* et *Dumb Frenchmen* leur collaient à la peau et les attitudes racistes à leur endroit étaient courantes. Qui peut leur reprocher d'avoir fini par s'angliciser et se fondre dans la culture dominante? La question qui pourtant demeure est la suivante: pourquoi la défrancisation a mené à une complète «déquébécisation»? D'autres minorités ethniques aux États-Unis ont, en effet, maintenu un noyau de leur identité, même lorsqu'ils ont adopté massivement la langue de la majorité (pensons aux Italiens, aux Grecs, aux Arméniens, aux Libanais, entre autres). De toute évidence, la religion catholique, qui constituait un aspect central de la culture canadienne-française, n'a pas servi d'élément de continuité. Bref, des gens qui avaient réussi à préserver leur identité unique pendant plus de deux siècles se sont entièrement assimilés en deux générations. Un article récent du *New York Times* sur la «renaissance du français» dans le Maine apporte un nouvel éclairage sur la question. Nous y apprenons, par exemple, que:

> Les Franco-Américains peuvent dire «chassis» [*sic*] au lieu de «fenêtre», «char» au lieu de «voiture». Labbé [directeur du Centre franco-américain de l'Université du Maine] a dit que beaucoup de Franco-Américains prononçaient «moi» comme le faisait Molière «moé». Un dicton illustre le complexe d'infériorité des Franco-Américains à propos de leur langue: «On est né pour être petit pain; on ne peut pas s'attendre à la boulangerie [*sic*][40]. »

J'assume que le lecteur québécois sera aussi amusé (ou irrité) que moi: on parle des Franco-Américains (*French-Americans*) comme s'ils constituaient une communauté en soi, avec une origine «française» – non pas québécoise – préalable à leur américanisation. En fait, dans tout l'article, il n'y a qu'une mention rapide du fait que «des gens d'ascendance française sont descendus dans le Maine et dans d'autres États de la Nouvelle-Angleterre depuis le Canada». Nous apprenons aussi que le gouvernement de la France, à travers son consulat à Boston, est très impliqué dans cette «renaissance» culturelle et que dans le Centre de l'héritage franco-américain de la ville de Lewiston «la langue et le curriculum *parisiens* [c'est moi qui souligne] sont enseignés à l'École française». Apparemment, la reconnexion des descendants des Québécois avec leur passé «français» évite le long détour que leurs ancêtres ont fait par le Canada. Deux siècles d'histoire au Québec sont ainsi effacés à toutes fins pratiques! Ce n'est pas mon intention de critiquer les citoyens du Maine qui désirent renouer avec leur héritage culturel. Ils ont le droit de recréer leur filiation identitaire de la façon qu'ils jugent appropriée. Mais je crois que ce phénomène nous instruit sur le rapport extrêmement complexe que les Québécois entretiennent avec leur langue. En deux mots, voici l'énigme: ils ont perdu leur identité quand ils ont été forcés d'abandonner leur langue, mais ils ne retrouvent pas cette identité quand ils récupèrent leur langue. Le traumatisme a-t-il été si violent qu'ils refusent de réactiver leur «dialecte» et leur «canadianité»? Je ne peux pas m'empêcher de faire un parallèle avec le *Jüdischer Selbsthass*, un concept qui désigne depuis le début du xxᵉ siècle un phénomène très particulier: la haine juive de soi. Ce concept – comme d'autres, tels «diaspora» et «ghetto», qui à l'origine ne s'appliquaient qu'aux juifs et qui sont plus tard devenus des termes usuels pour décrire l'expérience des migrants – fait référence à une disposition psychologique ambiguë et fragile, mais intense: on veut gommer la différence afin d'être accepté (on a honte de son parler, de son apparence, de ses coutumes et traditions) tout en conservant un sentiment de culpabilité (face aux siens, que l'on a «trahis»), d'inauthenticité (car on «joue une pièce», on «porte un masque ») et de peur d'être « détecté » (en révélant par accident sa « vraie nature »). Dans le cadre de sa recherche, Mme Rowe raconte que l'on peut parfois apercevoir un vieux couple ou deux dames âgées qui conversent en français en faisant les courses dans un magasin de Waterville. Or, toujours, ces personnes chuchotent leur langue, comme si elles en avaient honte. Elles ont intériorisé, depuis très longtemps, le statut inférieur et socialement inavouable de leur identité.

Unilingues, bilingues, trilingues...

Avant d'arriver à Montréal, j'étais convaincu que tous les Canadiens étaient bilingues. Lors de mes voyages à travers l'Amérique du Sud, j'avais connu des Suisses qui parlaient couramment l'allemand et le français (et parfois même un peu d'espagnol, en plus de l'anglais) et qui incarnaient, à mes yeux, une sorte d'idéal cosmopolite. Pour moi, comme pour plusieurs de mes amis, le Canada était tout simplement « la Suisse du Nord » : beau, pacifique, habité par des gens sympathiques qui prenaient la peine d'apprendre la langue de leurs voisins afin de vivre en harmonie avec eux. (Ne riez pas. J'étais jeune et naïf.) J'avais étudié l'anglais et le français (l'Argentine, comme la Roumanie, par exemple, a toujours eu un fort penchant francophile) pendant quelques années mais je me sentais, comme la plupart des Argentins, condamné à ne maîtriser réellement que ma langue maternelle. En effet, j'avais déjà constaté, comme beaucoup d'autres dans la même situation, que la connaissance du vocabulaire élémentaire et des règles de la grammaire d'une langue étrangère ne se transposait pas dans une véritable capacité de « parler dans la vraie vie ». Je pouvais conjuguer et accorder convenablement un verbe dans le cadre d'un exercice, mais je n'étais pas capable de dialoguer avec un francophone. Je ne crois pas avoir été le seul à ressentir ce blocage, cette coupure entre le fait de « savoir » passivement une langue et de la « parler » activement, avec aisance et naturel. Cette difficulté – courante dans les pays fortement unilingues – nous amène souvent à idéaliser les polyglottes. Dans mon esprit, le bilinguisme (imaginaire) des Canadiens voulait dire que chaque individu s'exprimait «parfaitement» dans les deux langues officielles. Quelle fut ma surprise et ma désillusion quand j'ai réalisé que ce n'était pas le cas!

Mais attention : une réalité moins rose que ce que j'espérais ne m'aurait pas tellement affecté. Le choc résultait d'un constat fort troublant. Non seulement le bilinguisme ne régnait pas à Montréal, mais la fermeture à la langue de l'autre me semblait encore plus sévère que dans mon pays d'origine. Nous *voulions* parler l'anglais ou le français, mais nous n'en avions pas les moyens et la possibilité. Ici, on ne cherchait même pas à apprendre la langue «étrangère». Dès mon arrivée, j'ai connu des anglophones qui n'avaient fait aucun effort pour acquérir le français. Mes collègues à l'université m'ont illico expliqué le concept (hautement péjoratif) de «Rhodésiens blancs» : des gens qui, comme les colons du Zimbabwe à l'époque de l'Empire britannique, ne daignent pas s'intéresser aux dialectes de la plèbe locale. Soit. Mais, je me demandais, pourquoi bien des francophones du Québec ne maîtrisent-ils pas l'anglais? Je sais maintenant que cette question est compliquée et délicate. Les Québécois, dans le jeu identitaire à trois axes que j'ai décrit dans le chapitre premier, aiment bien se moquer du piètre accent anglais de leurs cousins européens. Ceux-ci remarquent, aussitôt débarqués au Québec, que les francophones d'ici prennent soin de prononcer les mots de l'anglais «en anglais», même dans le contexte d'une phrase en français (alors que les Français prononcent les mots anglais «en français»). Ils perçoivent un certain degré d'orgueil à ce propos, que l'on pourrait énoncer ainsi : «Tu vois que *je peux bien* parler l'anglais. Mais, je *ne veux pas* le parler.» Il est vrai que plusieurs générations de francophones ont dû s'accrocher à leur langue et que l'anglais représentait le chant des sirènes, la tentation d'une vie peut-être plus facile sur le plan matériel, mais aux dépens de leur identité et de leur héritage. Tout se passe comme si parler suffisamment bien l'anglais était un signe de modernité – ce qui permet de s'éloigner de la figure de l'individu enfermé dans son petit monde provincial, celui qui est stigmatisé par la culture dominante – et le parler trop bien était un indice de soumission ou, pire encore, de désir d'assimilation. Bref, l'ambiguïté typique de la «haine de soi» (qui, comme je l'ai précisé, n'est pas tant une «haine» comme un rejet de son identité infériorisée, doublé d'un sentiment de culpabilité). Dans son recueil d'essais *Point de fuite*, publié en 1971, l'écrivain Hubert Aquin exprimait ainsi ce refus d'être soi-même: «Ma langue est épurée parce que je refuse de folkloriser mon langage. Si j'écris, disons fabuleusement, c'est par réaction contre ce que je suis, Canadien français[41].»

Josée Legault, une Franco-Québécoise ouvertement souverainiste (elle a été conseillère du premier ministre Bernard Landry, du Parti Québécois), est chroniqueuse dans le journal *The Montreal Gazette*. Elle a raconté une fois, dans un texte aux accents autobiographiques, comment ses amis francophones ont trouvé bizarre sa décision de collaborer avec un journal anglais, de centre-droite et, le pire de tout, foncièrement fédéraliste (et donc radicalement antisouverainiste et hostile envers le nationalisme québécois)[42]. Elle répondait aux propos d'un jeune Montréalais qui affirmait que le jour où tous seraient bilingues au Québec, la «menace» séparatiste disparaîtrait. Mme Legault se disait, bien évidemment, en désaccord avec cette lecture angélique de la «question nationale». Mais sa chronique était particulièrement intéressante en raison de la manière dont elle se plaçait par rapport à l'enjeu linguistique du Québec. Mme Legault expliquait dans sa chronique qu'elle provient d'un milieu populaire et que son apprentissage de l'anglais – qu'elle contrôle avec une facilité remarquable, tant à l'oral qu'à l'écrit – s'est produit dans le cadre d'un élan très personnel de curiosité et d'ouverture envers l'univers anglophone. Mme Legault présente son parcours avec la modestie de quelqu'un qui ne se croit pas nécessairement exceptionnel. Le message implicite est: «Si j'ai pu le faire, n'importe qui peut le faire aussi.» Mais c'est justement là que l'on voit dans le cas de cette journaliste «l'exception qui confirme la règle». Je ne nie pas l'existence d'une myriade d'entrecroisements, de complicités et de contacts individuels entre les «deux solitudes» linguistiques du Québec. Mais il serait absurde de fermer les yeux sur l'incroyable distance qui les sépare dans le quotidien.

Statistique Canada indique que 48 % des jeunes (20 à 24 ans) francophones du Québec sont «bilingues». Au Canada, quatre francophones sur dix sont bilingues, «un taux presque cinq fois plus élevé que celui des anglophones (9 %)[43] ». Rien d'étonnant dans ce déséquilibre: les francophones ont besoin de l'anglais pour se placer dans le marché mondialisé du travail. Mais quel est le sens exact du terme «bilingue» dans ce contexte? Il s'agit, pour Statistique Canada, de la capacité à «soutenir une conversation» dans les deux langues. Cette définition très large – qui est d'ailleurs fondée sur l'autoperception de l'individu – est loin d'identifier la portée du véritable bilinguisme, soit le fait de pouvoir penser et s'exprimer dans les deux langues avec le même niveau de précision et d'aisance. Dans mon expérience, les cas de bilinguisme authentique sont extrêmement rares chez les adultes québécois, y compris les jeunes auxquels j'enseigne à l'université. Par contre, j'observe de plus en plus d'adolescents et d'enfants qui font preuve d'une capacité à passer spontanément et sans aucune difficulté du français à l'anglais (et parfois à une troisième langue parlée à la maison). La raison me semble évidente: il faut une exposition précoce aux langues pour les absorber de manière «naturelle», voire inconsciente. Les enfants des couples linguistiquement «mixtes» et les enfants qui grandissent dans des quartiers où cohabitent anglophones et francophones ont un avantage certain sur ce plan. Les parents anglophones ont également la possibilité de scolariser leurs enfants dans une école française ou de les mettre en «immersion française» dans une école de langue anglaise. Les francophones, quant à eux, ont un choix plus restreint – en raison de la loi 101 qui, comme on l'oublie souvent, s'applique à eux autant qu'aux immigrants –, mais ils semblent ne pas profiter pleinement des occasions qui leur sont tout de même offertes: la garderie, le camp d'été et les activités parascolaires qui toutes peuvent se dérouler en anglais, sans compter l'accès à la télévision, les bibliothèques et d'autres ressources culturelles en langue anglaise. La seule explication que je vois est celle d'une forte réticence à *trop s'éloigner de soi-même*. J'insiste sur le « trop » car, comme je l'ai montré dans ce chapitre, l'identité québécoise est faite d'équilibres fragiles.

*

* *

Avant que l'on me reproche de tomber dans un psychologisme grossier et que l'on m'accuse de présenter les Franco-Québécois comme souffrant d'une crainte maladive d'eux-mêmes et des autres, je dirai que cet état d'éternelle ambivalence – que certains déplorent sur le plan politique – donne lieu au paradoxe d'une identité à la fois figée et fluide, tournée vers le passé, mais pour le réinventer de manière volontariste. Il est vrai que les Canadiens ne sont pas les polyglottes que j'imaginais avant de quitter l'Argentine. Certes, les Franco-Québécois ont une attitude difficile à comprendre pour les étrangers en ce qui a trait à l'anglais. Mais ces tabous et ces déchirements font, sans aucun doute, partie de leur richesse identitaire. Comme d'autres immigrants, je ne suis pas surpris d'observer que le Québec est un lieu remarquable de créativité et d'ébullition culturelle, un espace intéressant et saisissant, tantôt excessivement pareil à lui-même et tantôt emporté par la conviction que plus rien n'est sacré et que toute convention sociale peut être transgressée. Comme nous le verrons dans le chapitre III, le Québec, troublé par ses obsessions nationalitaires et par ses rendez-vous historiques manqués, n'a pas encore réglé ses comptes avec le XIXe siècle (qui lui a nié l'indépendance que tous les autres pays du continent américain ont obtenue). De plus, le Québec est dans une permanente fuite en avant, si bien que l'on peut soutenir qu'il constitue l'une des premières sociétés à avoir pénétré le XXIe siècle : les goûts postmodernes, les valeurs ultra-individualistes et le rejet des hiérarchies se combinent dans un tourbillon social que, comme d'autres, je trouve stimulant et fascinant. Je citerai à ce propos ma collègue Régine Robin. Dans la postface à la réédition de son ouvrage *La Québécoite* – un livre incontournable sur «l'inquiétante étrangeté que crée le choc culturel» à Montréal au début des années 1980 –, elle écrivait:

> [La] multiplicité baroque et postmoderne du Québec contemporain avec ses contradictions, son expérimentation permanente, son ouverture, son rêve d'ailleurs, son effronterie, ses maladresses, ses susceptibilités de vierge offensée. [Son] identité introuvable (heureusement!) ne serait-elle pas faite pour l'essentiel d'un effort inconscient qui vise perpétuellement à se trouver au bord de, sur le point de, sans jamais franchir le pas [...].

À la fin du chapitre premier, j'ai suggéré qu'il existe, au cœur de l'imaginaire québécois, l'idée que le Québec *n'est pas là où il devrait être*. Cet énoncé comporte divers sens. Selon plusieurs, le Québec demeure bloqué dans son développement parce qu'il n'arrive pas à réaliser pleinement son potentiel nord-américain (au plan de la performance économique, de l'initiative individuelle, etc.) ou, au contraire, parce qu'il s'est trop laissé américaniser, en ayant ainsi sacrifié sa distinction européenne ou latine (plus spirituelle et communautariste). Pour d'autres, le «déficit» québécois réside surtout dans l'incapacité à échapper à la fragilité identitaire, au sentiment d'insécurité collective, au stigmate de minorité inférieurisée. Il est évident qu'une majorité de Québécois tiennent farouchement à conserver leur héritage culturel mais, en même temps, ils sont parfois réticents à embrasser une identité dont les traits fondamentaux ont été historiquement dévalorisés et dont l'affirmation est perçue par beaucoup de gens, à l'intérieur et à l'extérieur de la société québécoise, comme un geste de fermeture («ethnique») et de passéisme («irrationnel»). Aux yeux d'un étranger, la formule de la québécitude semble prise dans l'entre-deux. Être bilingues, mais pas trop. Avoir un «côté quétaine» – ce qui implique la capacité de ne pas se prendre au sérieux – mais seulement l'avouer « entre nous ». Raviver sans cesse la mémoire, mais s'obstiner à rompre avec le passé. Bref, être soi-même, tout en se distanciant de ce que l'on a été et de ce que l'on pourrait devenir.

CHAPITRE III

La question nationale pour les nuls

Comme tout nationalisme, le souverainisme québécois doit construire un « nous ». Qui est inclus et qui exclu ? Dans ce chapitre, j'apporte quelques repères historiques et sociologiques afin de mieux cerner les enjeux du débat politique au Québec.

Il y a quelques années, un Latino-Américain fraîchement arrivé au Québec m'a appelé pour m'annoncer qu'il avait une question importante à me poser. Quand nous nous sommes rencontrés, il m'a demandé sans détour : « Qu'est-ce que c'est que cette histoire de souveraineté ? » Avant que je puisse ouvrir la bouche, il a ajouté, avec une dose d'anxiété dans la voix : « J'ai lu que le Québec pouvait se séparer du Canada ? Ai-je bien compris ? Est-ce que cela peut vraiment arriver ? – Si tu veux une réponse courte, c'est "oui". » Il va de soi que cette réplique, brutalement succincte, n'était pas ce qu'il cherchait à entendre. « Mais pour la réponse longue, il va falloir s'asseoir, car nous devrons remonter de quelques siècles dans le temps. En effet, au Québec, le présent s'explique par le passé. » Le ton professoral de mon invitation ne l'a pas rassuré davantage. « Je ne veux pas une leçon d'histoire. Je veux comprendre la situation actuelle. » Bon, bon. Changeons d'angle d'attaque. Partons des termes du litige lui-même.

Bien que personne ne considère sérieusement que les tensions politiques au Québec dégénèrent un jour en guerre civile, un autre genre de conflit, infiniment plus subtil, a été déclenché depuis un bon bout de temps. Je réfère à la *guerre des synonymes*. L'étranger qui arrive au Québec apprend aussitôt qu'il existe une «question nationale» qui divise les citoyens et soulève de grandes passions. Même s'il ne désire nullement s'immiscer dans un débat qui lui semble plutôt hermétique, il devient vite conscient du fait qu'il doit se munir de quelques outils conceptuels basiques pour naviguer sur les eaux agitées de la politique québécoise, ne serait-ce que pour éviter de faire une gaffe auprès de son patron ou d'un voisin. Il est rare que, en politique, on appelle un chat un chat. Au Québec, les choses se compliquent davantage par ce qui ressemble à une quête obsessive du mot juste. Dans une culture marquée par le doute de soi et l'ambivalence, le discours énoncé sur la place publique est à la fois un moyen de communication et un miroir dans lequel toute la société se regarde. Tout se passe comme si l'on croyait à la magie du verbe : en nommant la réalité d'une certaine manière, nous visons à la transmuer en ce que nous voulons qu'elle soit. Dans ce contexte, le choix du vocabulaire n'est jamais innocent. Les mots que nous prononçons nous rassurent, nous identifient face aux autres, nous situent et nous spécifient. Ils sont surchargés de sens et d'histoire. Penchons-nous donc sur quelques termes particulièrement significatifs :

Indépendance. «Cette société oscille entre deux pôles d'attraction : assimilation et indépendance. Par l'assimilation, elle devient l'autre ; par l'indépendance, elle devient "soi".» Cette phrase du sociologue et historien Gilles Bourque, rédigée à la fin des années 1960, illustre parfaitement la pensée dichotomique qui sous-tend la naissance du nationalisme québécois moderne. En 1969, René Lévesque (qui deviendra premier ministre du Québec en 1976) liait l'«indépendantisme» québécois à «la grande vague de décolonisation» de l'après-guerre. Le Front de libération du Québec, un mouvement révolutionnaire armé des années 1970, se donnait comme objectif l'«indépendance totale des Québécois». Toutefois, le mot «indépendance» a été, depuis lors, graduellement écarté du vocabulaire politique au profit du mot «souveraineté» (ce dernier, comme nom ou comme adjectif, apparaît environ dix fois plus fréquemment qu'«indépendance» ou «indépendant» dans le dernier programme du Parti Québécois). Cette préférence semble découler du sens affirmatif plutôt que négatif du terme : l'indépendance entraîne une rupture avec celui dont on est dépendant, alors que la souveraineté met l'accent sur la puissance de celui qui l'exerce. Toutefois, ses critiques considèrent que ce terme sert à rendre – délibérément ou non – le projet nationaliste plus ambigu. La question extraordinairement alambiquée (113 mots!) qui a été posée par le gouvernement Lévesque aux électeurs en 1980, lors du premier référendum sur le statut du Québec, reflète cette tendance à minimiser les références explicites à l'«indépendance» et à marcher sur des œufs sur le plan rhétorique :

> Le gouvernement du Québec a fait connaître sa proposition d'en arriver, avec le reste du Canada, à une nouvelle entente fondée sur le principe de l'égalité des peuples ; cette entente permettrait au Québec d'acquérir le pouvoir exclusif de faire ses lois, de percevoir ses impôts et d'établir ses relations extérieures, ce qui est la souveraineté et, en même temps, de maintenir avec le Canada une association économique comportant l'utilisation de la même monnaie ; aucun changement de statut politique résultant de ces négociations ne sera réalisé sans l'accord de la population lors d'un autre référendum ; en conséquence, accordez-vous au gouvernement du Québec le mandat de négocier l'entente proposée entre le Québec et le Canada ?

Souveraineté. Le mouvement souverainiste vise à faire du Québec un «État souverain». Au fil du temps, les Canadiens français se sont représentés comme une race («la Confédération canadienne est née d'une pensée d'alliance féconde de deux races», Henri Bourassa, 1915), comme un peuple («l'être ethnique de l'État québécois est depuis longtemps irrévocablement fixé», Lionel Groulx, 1937) et comme une nation («nous sommes une nation dans un pays où il y en a deux», René Lévesque, 1967). Historiquement, les principaux arguments pour l'autonomie gouvernementale du Québec par rapport au Canada ont été la *différence* (la particularité du Québec face au reste du Canada) et l'*oppression* (la subordination du Québec au Canada) : l'abbé Lionel Groulx, considéré comme le père spirituel du nationalisme québécois, liait les deux dans une seule formule logique : « Nous sommes si différents qu'une législation commune ne peut devenir, pour le Québec, et sur maints points, que violemment oppressive[1]. » Dans cette perspective, le principe de l'égalité formelle des provinces – en apparence équitable et démocratique – implique, dans la pratique, le déni du droit du Québec à l'autodétermination. À cet égard, une question fondamentale divise les Canadiens : les Québécois forment-ils une nation ? Si la réponse est « non », leurs revendications sont simplement irrecevables. Si la réponse est « oui », plusieurs options sont envisageables, allant de l'indépendance complète du Québec – c'est-à-dire que celui-ci devienne un pays ou, comme le disent les politologues, un « État-nation » – à la pleine reconnaissance de la « nation québécoise » comme une composante fondamentale de la fédération canadienne (ce que le gouvernement conservateur de Stephen Harper a fait de manière symbolique en 2006, en adoptant au Parlement une motion qui affirme que « les Québécois forment une nation au sein d'un Canada uni »). La quête de solutions politiques ou constitutionnelles favorise grandement les innovations et les expérimentations sémantiques. Depuis quelques années, par exemple, l'idée de devenir un « pays normal » a gagné du terrain parmi les souverainistes, alors que les fédéralistes se sont montrés parfois ouverts à la possibilité de reconnaître le Québec comme une « société distincte » au sein du Canada.

Autonomisme. Il s'agit de la position que l'on attribue usuellement à Maurice Duplessis, premier ministre du Québec entre 1936 et 1939, 1944 et 1959. À la tête de l'Union nationale, Duplessis conjuguait une idéologie fortement conservatrice (et nettement réactionnaire sur le plan social et sur le plan de l'éducation) et une défense tenace des intérêts de sa province. Cette position comporte une dimension de « résistance » et de « contestation» face au gouvernement fédéral, mais elle ne remet pas en cause l'appartenance du Québec au Canada. L'autonomisme, généralement tombé dans le discrédit depuis l'émergence du mouvement nationaliste dans les années 1960, a connu un *revival* en 2007 avec la formidable montée électorale de l'Action démocratique du Québec (ADQ). Son leader, Mario Dumont, prône ouvertement l'autonomisme, entendu comme la volonté de «s'affirmer sans se séparer».

Séparatisme. C'est le mot habituellement utilisé en anglais (*separatism*) pour désigner le projet souverainiste, souvent dans des phrases à connotation négative (comme dans le titre d'un article du *New York Times*: «*Immigrants Reject Quebec's Separatism*[2]»). Au Québec, le terme n'est employé en français que par ceux qui désirent afficher ouvertement leur opposition au nationalisme québécois. Beaucoup de francophones se rappellent les déclarations belliqueuses de Jean Chrétien, premier ministre du Canada, au sujet des «séparatisses» – selon sa façon d'articuler le français –, c'est-à-dire les individus qui travaillent pour «la dissolution de notre pays». Le mot «séparation» évoque la figure du «divorce», ce qui permet de dépolitiser l'enjeu par le biais des métaphores du mariage: dans ce contexte, on accole généralement au Québec le stéréotype sexiste de la femme toujours insatisfaite et insupportablement pleurnicharde...

Sécession. Terme rare, mais parfois utilisé pour expliquer la «question nationale» aux étrangers. Il renvoie de façon évidente à la «guerre de Sécession» qui a eu lieu aux États-Unis au XIX⁰ siècle. Une fois que le mot est lancé dans la discussion, on ne tarde pas à faire allusion à la violence politique et aux fanatismes. Contrairement aux idées reçues, ce n'est pas que la droite qui s'en sert. Par exemple, le Comité international de la Quatrième Internationale socialiste emploi le mot «sécession» pour argumenter, en français, que le «séparatisme québécois» est «un piège pour la classe ouvrière».

*

* *

Pratiquez la conjugaison :

Je suis souverainiste
Vous êtes séparatiste
Il est indépendantiste
Nous sommes une nation
Vous êtes une province
Sont-ils canadiens d'origine française, franco-québécois
ou québécois francophones ?

*

* *

Quand j'étais adolescent en Argentine dans les années 1980, on disait à la blague que, dans les autres pays, les gens se renseignaient chaque matin sur la température avant de sortir de leur maison alors que, chez nous, l'information vitale pour planifier notre journée était la valeur quotidienne du dollar américain. En effet, les fluctuations intenses et rapides du taux de change – et de l'inflation – marquaient la société à tous les niveaux et faisaient de chaque citoyen un «expert» des variables macroéconomiques. J'ai trouvé au Québec un climat politique qui permet de dresser quelques parallèles avec la situation argentine. Ce n'est certes pas le même degré d'anxiété collective qu'en Argentine, mais les indices quantitatifs d'un «appui à la souveraineté» constituent tout de même le grand barème de la température nationaliste qui mesure, pour certains, la proximité de l'apocalypse appréhendée et, pour d'autres, l'imminence de la rédemption souhaitée. D'aucuns lient le degré d'appui à la souveraineté à celui de l'«incertitude politique», lui-même vu comme un facteur d'impact négatif sur l'activité économique. Plusieurs analystes de l'actualité interprètent les hausses et les baisses de cet indicateur à la lumière des humeurs collectives, du charisme des leaders du jour, des événements internationaux et même des saisons de l'année. De façon générale, on considère que l'«appui à la souveraineté» au sein de l'opinion publique québécoise se maintient « normalement » à 40 % ou 45 %, mais avec des sursauts occasionnels qui lui font franchir le cap du 50 % et, plus rarement, celui du 60 %. Il va de soi que le seuil du 50 % a un poids symbolique énorme et que les nerfs des uns se détraquent et l'excitation des autres se déchaîne quand cela arrive. Cependant, il faut noter que le barème habituellement pris en compte correspond à une proposition de « souveraineté accompagnée d'une offre de partenariat avec le Canada ». Les sondeurs savent bien que le choix des mots et la manière de les mettre en relation influencent les résultats de leurs sondages. Par exemple, plusieurs ont testé certaines variantes et ont pu vérifier que, par exemple, l'idée d'« indépendance » reçoit significativement moins d'appuis que celle de « souveraineté » et que cette dernière option est encore plus favorisée si l'on fait allusion à la « certitude » d'un partenariat économique avec le Canada. Mais on a aussi observé que la même personne qui soutient la souveraineté peut répondre positivement à l'idée d'un « fédéralisme renouvelé », tout en rejetant la notion que le Québec est « une province comme les autres ». Autrement dit, une réalité extraordinairement complexe est décrite au moyen de mots qui se ressemblent et de phrases équivoques. Les Québécois n'ont alors d'autre choix que de devenir des experts de la sémantique et des maîtres de la nuance terminologique.

Si à la surface le débat politique semble tourner autour de quelques mots clés, il serait pourtant erroné de croire que la guerre des synonymes n'a pas de profondeurs ahurissantes, quasi insondables. Il existe un livre, un peu oublié maintenant, qui permet au lecteur non initié de mesurer l'étendue du fossé qui sépare deux conceptions du nationalisme québécois. Le politologue Philip Resnick écrit en 1988 des lettres à un « ami québécois » imaginaire afin de lui signifier sa désillusion face à l'appui que les Québécois ont accordé au projet de libre-échange avec les États-Unis (qui sera signé en 1989)[3]. M. Resnick se dit obligé de reconsidérer sa position sur le Québec qui était, jusque-là, fondée sur une « totale sympathie pour le nationalisme québécois ». Cet intellectuel anglophone de la Colombie-Britannique – originaire de Montréal – se sent « trahi » : les progressistes canadiens-anglais auraient multiplié les gestes de reconnaissance du caractère distinct du Québec, et les Québécois les remercient de cette ouverture par un choix politique qui, dans leur perspective, met en péril l'autonomie du Canada envers les États-Unis (car, dans les années 1980, l'intégration économique est perçue par les Canadiens nationalistes et de gauche comme une manœuvre d'absorption de leur pays par le voisin du Sud). M. Resnick croit que, au fil des vingt années précédentes, « de larges segments de l'opinion publique au Canada anglais » sont arrivés à apprécier et à respecter le « fait français » en tant que « caractéristique nécessaire et souhaitable de la société canadienne dans son ensemble ». Cette nouvelle attitude n'a pourtant pas suscité la gratitude ou la solidarité des Québécois : « Assez curieusement, je pense qu'aujourd'hui c'est le Canada anglophone qui en appelle à votre compréhension et que c'est vous qui, en tant que collectivité, lui tournez le dos[4]. »

Le politologue québécois Daniel Latouche rédige alors sa « réponse à un ami canadien », dans laquelle il ne cache pas sa colère et son cynisme. Le ton est sarcastique : « Vous nous tendez la main et vous apprenez le français, dis-tu. Et qu'offrons-nous en retour ? Ignorance, mépris, indifférence, paternalisme. » Cet intellectuel se moque de la « bienveillance à notre égard » dont fait preuve « tout ce que le Canada anglais compte de prétendus alliés du Québec ». Latouche ne voit dans les gestes d'accommodement et de compromis de la part des fédéralistes qu'une tentative de transformer le Québec en un « zoo linguistique ». Il n'a que faire de la « générosité » et des « sermons » des « bien-pensants » anglophones. Pour lui, le différend est fondamental et ne se réglera pas tant que les intéressés ne s'attaqueront pas au problème de fond : « La bataille va continuer tant que l'une ou l'autre des parties n'aura concédé la victoire. C'est une bataille où deux mémoires s'affrontent. [...] De toute évidence, notre vision d'une société française est entièrement différente de celle que vous pouvez avoir et j'ai bien peur que, sur ce sujet, la réconciliation soit impossible[5]. »

Bien que les propos des « amis » soient souvent enflammés, il faut préciser que dans cet échange les deux politologues mettent de l'avant des arguments dont l'étranger peut bien voir la validité. Il se demandera : pourquoi ne peuvent-ils se mettre d'accord, d'autant plus qu'ils affirment leur amitié et leur respect mutuel ? Comme dans d'autres conflits qui semblent insolubles, la bonne volonté, le dialogue et même la quête de la vérité historique ne suffisent pas à construire un consensus, même pas à négocier un pacte d'indifférence réciproque. L'affirmation de Latouche peut sembler un peu excessive, mais elle n'est certainement pas farfelue. Les quatre dernières décennies sont une saga de mésententes et de frustrations constantes, elles-mêmes enracinées dans des rancœurs et des animosités vieilles de plus de deux siècles. Sans l'histoire, on comprend mal le présent. Les termes qui reviennent dans le débat sont obscurs et énigmatiques si l'on n'en connaît pas le contexte : « Grande Noirceur », « Révolution tranquille », « loi 101 », « souveraineté-association », « rapatriement de la Constitution », « Nuit des longs couteaux », « Lac Meech », « Charlottetown », « clarté référendaire », « scandale des commandites »... Je me permets de présenter rapidement dix repères chronologiques qui, à mon avis, peuvent aider le nouvel arrivant à mieux saisir les enjeux actuels :

1960 – La Révolution tranquille : le réveil politique du Québec

L'arrivée au pouvoir du libéral Jean Lesage est un point tournant dans l'histoire du Québec. La vision conservatrice, catholique et tournée vers le passé rural qui prédomine sous le gouvernement de Duplessis depuis 1936 est remplacée par un élan industrialiste et nationaliste qui transforme radicalement la société québécoise. Les années 1960 sont marquées par la nationalisation de l'électricité, la réforme de l'éducation et la mise en place de politiques sociales et de vastes programmes de développement économique. Bien que les historiens hésitent à trop insister sur le «mythe» de la Révolution tranquille – car les processus de rattrapage commencent déjà à se déployer durant la «Grande Noirceur» duplessiste – cette période représente pour la majorité des francophones la naissance du Québec moderne. Le slogan électoral de Lesage, «Maîtres chez nous!», devient l'emblème d'un nouveau nationalisme qui remplace l'idéologie de la «survivance».

1976 – L'élection du Parti Québécois : le nationalisme au pouvoir

La libéralisation de la société québécoise sur les plans économique, politique et culturel donne lieu à un changement majeur sur le plan identitaire : les francophones du Québec se voient de moins en moins comme des «Canadiens français» et de plus en plus comme des «Québécois», avec des institutions politiques qui leur sont propres. Le nationalisme québécois s'affirme et se radicalise. En 1967, le journaliste et député libéral René Lévesque fonde le Mouvement souveraineté-association. L'année suivante, il participe à la création du Parti Québécois et, en 1976, il devient premier ministre du Québec. Surpris de sa victoire, il déclare : «Je n'ai jamais pensé que je pouvais être aussi fier d'être Québécois. On n'est pas un petit peuple, on est peut-être quelque chose qui ressemble à un grand peuple[6].» Le Parti Québécois a comme objectif principal la souveraineté du Québec, mais sa gestion se caractérise aussi par l'adoption de mesures progressistes en matière sociale.

1977 – La loi 101 : la revanche du français

Le programme du Parti Québécois déclare que «[l]a langue est le facteur premier d'identité, la base et l'expression de la culture de la nation». La Charte de la langue française impose le français comme langue publique du Québec et devient l'emblème de la nouvelle assurance des Franco-Québécois. Les anglophones unilingues et plusieurs compagnies y trouvent une raison de plus pour se crisper devant le nationalisme québécois et un bon nombre d'entre eux prennent la route 401 de l'«exil» vers Toronto. Pourtant, d'autres verront dans la Charte l'émergence d'un nationalisme «civique» qui, en mettant l'accent sur l'intégration et la convergence autour d'une langue commune, tente de minimiser les attaches «ethniques» de l'identité québécoise. Bien que les effets de la loi 101 soient très importants sur le plan de la scolarisation des enfants d'immigrants («tandis qu'en 1971-1972, 10,8 % des enfants d'origine ethnique autre que française ou britannique fréquentaient les écoles françaises, seulement 13 % des enfants nés à l'étranger ont été admis à l'école anglaise de 1985-1986 à 1992-1993[7] »), plusieurs spécialistes s'entendent pour dire que la survie du français demeure problématique à long terme.

1980 – Le premier référendum : les Québécois disent NON à la souveraineté

Le 20 mai 1980, les citoyens du Québec sont appelés aux urnes par le gouvernement Lévesque afin d'approuver ou de rejeter un projet de «souveraineté-association»: il s'agit d'un mandat en vue de redéfinir profondément les rapports entre le Québec et le Canada anglais sur la base de l'«égalité des peuples». Pierre Elliott Trudeau, premier ministre du Canada, promet un renouvellement du fédéralisme afin de satisfaire les aspirations des francophones et annonce qu'il ne négociera pas avec le gouvernement québécois dans l'éventualité d'une victoire des souverainistes. Les indécis sont nombreux et les fédéralistes centrent leur message sur l'instabilité économique qui découlerait d'un triomphe du OUI. À la fin d'une campagne intense et déchirante, six citoyens sur dix répondent NON à la question. Lévesque prononce alors sa fameuse phrase devant une foule souverainiste : « Si je vous ai bien compris, vous êtes en train de dire à la prochaine fois. » En dépit de la défaite référendaire, le Parti Québécois est réélu en 1981.

1982 – Le rapatriement de la Constitution : le Canada s'affirme

Trudeau souhaite réaliser la complète indépendance du Canada envers le Royaume-Uni : la loi constitutionnelle canadienne demeure toujours formellement à Londres, sous l'égide du Parlement britannique. Il procède de façon « unilatérale » – sans obtenir le consentement des provinces – à la « rapatrier ». Devant le fait accompli, toutes les provinces, sauf le Québec, se rallient autour de la nouvelle Constitution, amendée et bonifiée d'une Charte des droits et libertés. L'expression « la Nuit des longs couteaux » réfère à l'image d'un complot du gouvernement fédéral et des neuf provinces anglophones contre le Québec : durant la nuit du 4 au 5 novembre 1981, les premiers ministres – à l'exception de René Lévesque – se mettent d'accord sur une réforme constitutionnelle qui proclame le multiculturalisme et réduit les pouvoirs du Québec en matière de langue et d'éducation. Le rapatriement de la Constitution a une valeur symbolique capitale : pour les Canadiens anglais, il s'agit d'un moment fondateur de leur nationalité, alors que la majorité des Québécois y voient une manœuvre politique qui vise à les marginaliser et à contrer leurs gestes d'affirmation nationale.

1987 – L'accord du lac Meech :
la recherche d'un compromis

Le gouvernement fédéral, sous le conservateur Brian Mulroney, cherche à réintégrer le Québec dans la «famille canadienne» en négociant avec les premiers ministres provinciaux une réforme constitutionnelle qui accorde au Québec certains droits particuliers, dont un statut de «société distincte», un droit de veto à l'égard de quelques amendements de la Constitution, la prise en charge de l'immigration sur son territoire et la garantie de pouvoir recommander la nomination de trois juges à la Cour suprême. L'accord doit être ratifié unanimement par tous les parlements provinciaux trois ans après son adoption, mais un député bloque les délibérations au parlement du Manitoba et le délai expire. Les Québécois sentent que même leurs revendications minimales sont rejetées par le reste du Canada. Le premier ministre du Québec Robert Bourassa, un libéral fédéraliste, se dit alors profondément déçu : «Nous avons exprimé clairement les demandes du Québec [...] ; le Canada anglais doit comprendre de façon très claire que, quoi qu'on dise et quoi qu'on fasse, le Québec est, aujourd'hui et pour toujours, une société distincte, libre et capable d'assumer son destin et son développement.»

1990 – Création du Bloc québécois :
l'aliénation du Québec

Devant l'échec de l'accord du lac Meech, un groupe de députés conservateurs du Québec s'éloignent de Mulroney et forment, sous le leadership de Lucien Bouchard (qui deviendra premier ministre du Québec en 1996), une coalition parlementaire pour promouvoir le projet souverainiste à Ottawa. Ils créent le Bloc québécois et, en 1993, ce nouveau parti remporte l'élection dans 54 circonscriptions, devenant ainsi l'opposition officielle à la Chambre des communes. Malgré quelques vicissitudes, il demeure, bon an mal an, le premier choix politique des Franco-Québécois. La question sur la pertinence et la légitimité du Bloc québécois est parfois soulevée par ceux qui trouvent contradictoire l'existence d'un parti fédéral antifédéraliste. Certains remettent d'ailleurs en question le fait que ce parti souverainiste se fasse «subventionner par le pays qu'il veut quitter[8]».

1995 – Le deuxième référendum : le Québec au seuil de la souveraineté

Une autre séance de négociations constitutionnelles échoue en 1992 quand les Canadiens anglais et les Québécois rejettent par voie de référendum l'accord de Charlottetown (qui reprend certains éléments de l'accord du lac Meech). Face à cette nouvelle impasse, les Québécois sont appelés encore une fois par le gouvernement du Parti Québécois à se prononcer sur le projet de souveraineté du Québec. Cette fois, le portrait d'une société divisée se dessine nettement : les deux options reçoivent presque la même quantité d'appuis (sur un total de près de 5 millions d'électeurs, soit un taux de participation de 93,52 %). Le NON l'emporte par à peine 54 288 voix (les deux camps s'accusent mutuellement de fraude : certains groupes fédéralistes ont fait des dépenses électorales illégales et certains scrutateurs souverainistes ont rejeté un nombre injustifié de bulletins de vote[9]). Parmi les francophones, le OUI récolte environ 60 % des voix, alors que les non-francophones s'expriment très massivement contre la souveraineté. Ce résultat suscite dans certains milieux nationalistes le sentiment que les «ethniques» sont responsables d'avoir bloqué le chemin vers l'accession à la souveraineté.

2000 – La Loi sur la clarté référendaire :
le gouvernement fédéral contre-attaque

S'appuyant sur un arrêt de la Cour suprême du Canada, le Parlement promulgue une loi qui reconnaît le droit d'une province à quitter la fédération, mais seulement « si la question [permet] à la population de la province de déclarer clairement si elle veut ou non que celle-ci cesse de faire partie du Canada » et à la condition « qu'une majorité claire de la population de cette province [ait] déclaré clairement qu'elle veut que celle-ci cesse de faire partie du Canada ». L'opinion publique québécoise réagit négativement à ce que l'on perçoit comme une entrave à l'autodétermination du Québec. Stéphane Dion, le ministre des Affaires inter-gouvernementales du Canada qui a élaboré la loi, in-carne la position dure du gouvernement Chrétien face au nationalisme québécois, selon laquelle le gouverne-ment du Québec « n'a pas le pouvoir constitutionnel ni le droit, en droit international, d'effectuer unilaté-ralement l'indépendance ».

2004 – Le « scandale des commandites » :
tous les coups sont permis ?

Le public apprend qu'un programme fédéral de pro-motion de l'identité canadienne a distribué, de 1997 à 2003, entre 200 et 300 millions de dollars à des agen-ces de publicité proches du gouvernement, notamm-ment pour rendre plus visibles les symboles du Canada au Québec. Une partie significative des fonds a été détournée illégalement dans un système de corruption institutionnalisée, mais ce qui choque le plus les Qué-bécois est l'ampleur stupéfiante et la nature subreptice des moyens qu'Ottawa a consacrés à combattre le pro-jet souverainiste. Pour ajouter l'insulte à l'injure, une partie de l'opinion publique au Canada anglais semble être d'accord avec les propos d'un député libéral : le scandale des commandites « est une affaire du Québec. Je suppose que c'est comme ça qu'on fait la politique au Québec[10] ».

Ces repères ne donnent qu'un aperçu très général et superficiel des discordes « constitutionnelles » qui sous-tendent les relations entre le Québec et le reste du Canada. Le terme « constitutionnel » renvoie bien sûr à la question de la constitution politique qui préside aux rapports fédéraux-provinciaux, mais sa racine étymologique peut également évoquer l'idée d'un problème « constitutif », dans le sens d'un malaise *existentiel*. Le sociologue Gérard Bergeron écrivait ceci il y a quarante ans déjà : « La crise constitutionnelle canadienne n'est pas seulement une crise de régime, c'est la crise de toute une société politique en train de se demander ce qu'elle est, ce qu'elle fait à tel endroit de la planète et à tel moment de l'histoire[11]. »

Je ne peux pas conclure cette recension terminologique de la « question nationale » sans introduire deux expressions très courantes et éclairantes sur la manière dont le nationalisme québécois se déploie et se manifeste : d'un côté, se trouvent les « souverainistes purs et durs », pour qui l'indépendance est la réponse à tous les maux de la société, et (presque) tous les moyens sont acceptables en vue de l'accomplir ; de l'autre, se trouvent les « souverainistes mous », ceux qui constituent le grand réservoir de l'ambiguïté proverbiale et de l'immobilisme politique du Québec. En fait, l'historien Jocelyn Létourneau voit dans ce culte de l'ambivalence culturelle et de la prudence politique – ce que les critiques qualifient de « mollesse » – le fil conducteur de l'histoire des Québécois et de leurs rapports avec le reste du Canada : « À l'encontre de ce que plusieurs aimeraient bien, c'est toutefois dans l'équivoque de liens multiples avec l'Autre envisagé comme un alter ego que se définit, aujourd'hui comme hier, le désir d'être des Québécois et que s'exprime leur intention nationale[12]. »

Sur un ton humoristique, Jean Dion, chroniqueur au *Devoir*, assume à la première personne le discours «souverainiste mou», typique du Québécois moyen: «Ça dépend des semaines. Des fois je suis favorable à une souveraineté assortie d'un partenariat, des fois je penche du côté du fédéralisme renouvelé avec société distincte, des fois un peu des deux, et des fois je pense qu'on devrait continuer de gosser [déranger] et d'écœurer tout le monde avec ça pendant des siècles juste pour le fun[13].»

Les récits idéologiques

Testez votre québécitude (donnez-vous 1, 2 ou 3 d'après le numéro de la réponse):

Laquelle de ces expressions décrit le mieux la collectivité québécoise?
1) La population du Québec.
2) La société québécoise.
3) Le peuple québécois.

Le Québec…
1) est constitutionnellement une province comme les autres.
2) a une personnalité unique, avec les droits et les responsabilités qui en découlent.
3) est une nation sans État.

Quand on dit «Nous autres, les Québécois»…
1) vous vous sentez toujours exclu.
2) ça dépend de qui le dit.
3) vous vous sentez toujours inclus.

Ce petit test (qui revêt par ailleurs le même degré de scientificité que celui sur la quétainerie dont je parle dans le chapitre II) sert à illustrer comment, dans le discours politique, nos préférences sémantiques sont orientées par des codes idéologiques. Si vous avez obtenu 8 ou 9 points, vous faites probablement partie du 49,4 % de la population qui a (ou aurait) voté OUI au référendum de 1995 («Acceptez-vous que le Québec devienne souverain, après avoir offert formellement au Canada un nouveau partenariat économique et politique, dans le cadre du projet de loi sur l'avenir du Québec et de l'entente signée le 12 juin 1995?») et vous seriez prêt à voter OUI si, la prochaine fois, la question était directe et concise: «Voulez-vous que le Québec cesse de faire partie du Canada pour devenir un État indépendant[14]?» Vous croyez d'ailleurs qu'Ottawa a probablement «volé le référendum» par le biais de dépenses électorales illégitimes et d'autres manigances. Bien entendu, vous n'employez jamais les mots «sécession» et «séparatisme» pour référer à la question nationale. Si vous avez obtenu entre 5 et 7 points, vous faites probablement partie de ceux qui souhaitent, comme l'humoriste Yvon Deschamps l'a exprimé dans sa célèbre boutade, «un Québec indépendant dans un Canada uni». Autrement dit, vous êtes un souverainiste «mou». Si vous n'avez obtenu que 3 ou 4 points, vous faites probablement partie du 50,6 % de la population qui a (ou aurait) voté NON, qui votera toujours NON et qui songera sérieusement à quitter le Québec si jamais les «séparatistes» l'emportent.

Nos choix (dans ce pseudo-test ou dans l'isoloir le jour du vote) dérivent de ce que j'appelle les trois «i» de la subjectivité politique: nos idées (nos croyances, nos valeurs, etc.), nos intérêts (ce qui nous avantage comme individu ou comme groupe) et notre identité (notre appartenance, nos origines, etc.). Les trois «i» sont, bien entendu, intimement reliés entre eux, mais nous avons tendance à croire qu'ils coïncident strictement pour les «bonnes raisons» et non pas à cause de notre désir de les voir converger. Pour le dire sans ambages, l'individu aura tendance à considérer que l'option qui favorise son groupe est, objectivement, la plus «vraie» et, éthiquement, la plus «juste» (et que l'option qui défavorise son groupe et, à l'inverse, fausse et injuste). Je ne propose pas une lecture foncièrement cynique des motivations humaines, mais il est nécessaire de rappeler que même nos gestes proprement altruistes (par exemple, faire des dons charitables ou recycler pour protéger l'environnement) sont, en partie, le résultat de normes sociales qui nous ont été inculquées. Il s'agit peut-être de l'évidence sociologique la plus difficile à accepter, car nous sommes fortement attachés à l'illusion que toutes nos pensées nous appartiennent.

Or, dans tout grand débat de société, il est possible de distinguer au moins deux « récits idéologiques » opposés, c'est-à-dire deux manières d'expliquer pourquoi nous en sommes là et ce que nous devons faire pour aller de l'avant. Il s'agit de deux visions d'ensemble qui s'affrontent, deux fils conducteurs divergents qui permettent de relier le vécu des individus – leurs perceptions, leurs émotions, leurs expériences – aux enjeux collectifs. Même s'il n'est pas nécessairement *narré* comme un conte ou une légende, le récit idéologique mobilise essentiellement les mêmes éléments « narratifs » : des héros, des ennemis et des martyrs, le souvenir de victoires et de défaites, de trahisons et de crises, la nostalgie d'un paradis perdu, le rêve d'un avenir rédempteur, etc. Ces éléments s'agencent dans une composition que l'on peut qualifier, à certains égards, de « mythique » ou d'« imaginaire », mais non pas dans le sens d'« erronée » ou de « fallacieuse » : la foi religieuse, l'amour de la patrie, l'éthique humaniste et le credo révolutionnaire sont aussi des « récits » que nous intériorisons.

Personne n'aime se faire dire qu'il « relaye une idéologie » et que ses pensées sont organisées et encadrées par autre chose que son propre esprit. Il n'est pas dans mon intention de nier notre capacité de réfléchir et de décider librement, selon notre conscience et nos convictions. Mais il serait trop naïf de croire que nous ne sommes pas influencés par notre environnement. Les sciences sociales ont démontré depuis longtemps le poids déterminant de notre entourage (notre famille, nos amis, nos voisins, nos collègues), des messages des mass media (la propagande, la publicité, la presse) et des institutions (la loi et le système judiciaire, l'école, etc.) sur nos opinions et nos préférences. Je ne fais pas ici allusion au problème des « écrans de fumée » ou des « manipulations » qui abondent sur la scène publique – un problème réel et important – mais plutôt à l'effet structurant que ces déterminations ont sur notre manière d'argumenter et de justifier nos choix éthiques et politiques. Pour illustrer mon propos, je ne dirai pas qu'un nationaliste québécois décide de voter pour l'indépendance du Québec *à cause* des humiliations subies depuis la Conquête (de la Nouvelle-France par les Britanniques en 1760), mais que ces humiliations le touchent *à cause* de son penchant nationaliste. C'est du pareil au même, vous dites ? Dans le domaine du subjectif, l'idée même du rapport cause-effet est, bien sûr, douteuse. Pourtant, la distinction que je viens de formuler est fondamentale si l'on veut comprendre toute la portée du conflit idéologique autour de la « question nationale » au Québec. Les souverainistes « purs et durs » dressent un portrait entièrement néfaste du fédéralisme ; les antisouverainistes à outrance présentent le nationalisme québécois comme une sorte d'abomination. Aux yeux d'un observateur extérieur, les interprétations de la réalité des uns et des autres semblent si antithétiques et extrêmes qu'il est parfois amené à douter de la bonne foi ou du jugement logique des militants des deux camps. Mais en dehors de quelques cas marginaux, les gens que l'immigrant ou le visiteur rencontrent sont généralement raisonnables et modérés. Or, quand on aborde la question de la souveraineté, ils se déclarent comme étant nettement « pour » ou « contre » et leur lecture des faits (y compris des « données objectives » comme, par exemple, les statistiques) découle directement de leur parti pris. Les récits idéologiques leur offrent la possibilité de rationaliser et de « prouver » le bienfondé de leur position respective dans le débat. Comment expliquer autrement l'existence de deux visions diamétralement opposées – si l'une est vraie et juste, l'autre est nécessairement fausse et injuste – auxquelles des individus pareillement intelligents et informés adhèrent ?

Afin d'étayer ma thèse, je propose au lecteur la méthode suivante : commençons par la version radicale avancée par chaque camp. Quand je dis « radicale », je ne réfère pas à des postures marginales qui ne seraient adoptées que par quelques groupuscules « extrémistes ». Au contraire, elles font partie du discours accepté et acceptable sur la scène publique, même si l'on peut les considérer comme « controversées ». Prenons, par exemple, *Le livre noir du Canada anglais*, la trilogie de Norman Lester, publiée entre 2001 et 2003 et vendue à près de 100 000 exemplaires. L'auteur, un ex-journaliste de Radio-Canada (qui l'a relevé de ses fonctions lorsqu'il en a publié le premier tome), se veut « une réplique au dénigrement systématique auquel se livre la presse du Canada anglais à l'endroit du Québec » et consiste, selon lui, en un « survol de l'histoire du Canada [qui] recense des injustices, des pratiques discriminatoires, des propos racistes et haineux, des encouragements à la violence et des menées infâmes d'hommes politiques, de journalistes et d'intellectuels anglo-canadiens contre les Canadiens français, les Indiens, les Japonais et les Juifs ». L'auteur dénonce « la suffisance et le pharisaïsme avec lesquels le Canada anglais étale sa bonne conscience sans limite » (tome I, cité par Pratte[15]) et dit des Canadiens anglais qu'« ils nous méprisent et nous haïssent pour ce que nous sommes. Ils nous insultent et répandent des mensonges et des calomnies à notre sujet depuis plus de deux cents ans. Et à chaque fois que nous tentons de mettre un terme à leur arrogante domination, ils passent aux menaces et aux intimidations » (tome III, p. 263). Bien que le caractère pamphlétaire de l'ouvrage soit évident, la Fédération professionnelle des journalistes du Québec a réagi à la suspension de Lester par Radio-Canada, en publiant un communiqué qui affirme que le journaliste « énonce un certain nombre d'autres faits historiques » et que « son livre ne représente pas un message politique partisan[16] ».

Tournons-nous maintenant vers la « presse du Canada anglais » que Lester accuse si âprement. Je prends comme exemple un article du journal libéral de droite *The National Post* (avec un tirage moyen de 250 000 exemplaires) qui est paru pendant que je rédigeais ce chapitre. Le titre de ce texte d'opinion dit tout : « *The Rise of Quebecistan* » (« La montée du Québékistan »).

La chronique de Barbara Kay commente le fait que, dans le cadre de la manifestation contre la guerre au Liban qui a eu lieu à Montréal en août 2006, on a pu observer quelques drapeaux du Hezbollah et que, selon elle, le ton général était farouchement «anti-Israël». Mme Kay remarque que Gilles Duceppe, chef du Bloc québécois, Denis Coderre, député libéral, et André Boisclair, chef du Parti Québécois, ont participé à la manifestation et que, dans leurs allocutions, ils n'ont pas condamné le terrorisme ni reconnu le droit d'Israël à se défendre. Cette situation s'expliquerait par la «sympathie culturelle et historique de la francophonie envers les pays arabes» et «l'antiaméricanisme d'idées» des classes dirigeantes, ainsi que par la «grosse veine d'antisémitisme qui a coloré le discours intellectuel du Québec à travers son histoire». La conclusion semble s'imposer d'elle-même: un Québec indépendant pourrait devenir un terreau favorable pour le fondamentalisme islamique. Bien que ce texte soit particulièrement controversé (il a suscité une plainte formelle auprès du Conseil de presse du Québec), même selon les standards du *National Post*, il ne s'écarte pas tellement de l'image du Québec que les pages de ce journal projettent habituellement. Ajoutons que le directeur du journal, Jonathan Kay «ne voit pas dans la chronique de sa journaliste la moindre raison de s'excuser[17]».

Les récits idéologiques prennent généralement le soin de distinguer les «élites» du «peuple»: ce sont les politiciens, les journalistes et les intellectuels – de l'autre camp – qui sont, par exemple, «racistes». Mais ce discours cache à peine l'implicite qui fait des «autres» un groupe homogène et intolérant. Les deux perspectives présentent des «faits historiques» et accusent l'antagoniste d'hypocrisie et de duplicité. Les stéréotypes jouent un rôle central dans cette dynamique malheureusement fort prévisible. La chroniqueuse du *National Post* suggère que les francophones du Québec sont antisémites, ce qui provoque une «levée de boucliers» au Québec: «Encore une fois du *Quebec bashing*!», s'exclame-t-on. En effet, ce n'est pas la première fois que les Québécois sont l'objet de généralisations de cette nature.

Mais certaines réponses laissent songeur. L'éditorialiste du journal *Le Devoir*, Jean-Robert Sansfaçon, prend la peine d'indiquer que Mme Kay apporte « sa contribution à des organisations culturelles de la communauté juive à laquelle elle appartient », ce qui selon lui expliquerait en partie ses positions (ainsi que sa participation active au camp du NON lors de la campagne référendaire de 1995)[18]. Don Macpherson, chroniqueur du journal *The Montreal Gazette,* se demande à son tour pourquoi Sansfaçon a choisi de mentionner l'identité juive de Mme Kay[19]. Macpherson sous-entend que l'éditorialiste du *Devoir* vise à disqualifier ses opinions en raison de son « appartenance » ethnique. Il est évident que, à la suite de ces échanges, chaque point de vue sera conforté dans ses préjugés. On peut intégrer facilement ces « informations » dans l'un ou l'autre des récits pour confirmer l'intolérance et la mauvaise foi de l'adversaire. Les dérapages sont alors presque inévitables. *Le Devoir* publie un texte dans lequel on lit : « Pour exposer ses positions, la communauté juive doit faire un effort pour apparaître en français aux Québécois. Après tout, *elle le réussit très bien en anglais avec les Canadiens* [c'est moi qui souligne][20]. » Cette remarque renvoie, de manière implicite mais tout à fait claire, à l'« influence » des juifs, un thème récurrent dans certains milieux nationalistes. Macpherson voit dans ce type de discours une certaine « validation » des propos de Mordecai Richler. Cet écrivain avait soulevé une immense controverse avec son livre *Oh Canada! Oh Quebec!* en affirmant que les Franco-Québécois étaient historiquement plus antisémites que les Canadiens anglais. Pour beaucoup de gens, cet auteur demeure, encore aujourd'hui, la figure emblématique du discours « anti-Québec » (je reviendrai sur Richler dans le chapitre IV).

Quels sont les grands traits de ce discours « anti-Québec » ? J'en ai déjà donné quelques indices dans le chapitre premier. Les Québécois « de souche » héritent des traits négatifs associés au monde rural (mentalité grégaire, orgueil excessif, résistance au changement), à la personnalité latine (nonchalance, faible éthique du travail, familialisme) et, de surcroît, des vices attribués à la culture française (étatisme, relativisme moral, charlatanisme). Dans le contexte géopolitique actuel, ils sont vus comme antiaméricains, proarabes et gauchistes. Face à la matrice nord-américaine, leur société constitue une espèce de poche «tiers-mondiste», une «république de bananes»: infrastructures déficientes, corruption répandue, politiciens populistes, travailleurs incompétents, etc. C'est loin d'être la première fois dans l'histoire du monde qu'une culture minoritaire attire toute sorte de jugements négatifs, parfois même contradictoires mais toujours fortement dévalorisants. Il est très rare d'écouter ou de lire des propos ouvertement discriminatoires dans notre société, mais ce type de perceptions sous-tend l'attitude d'un nombre important de Canadiens à l'égard des francophones du Québec. Josée Legault se demande, au sujet de l'article sur le Québékistan, si les propos de Mme Kay «confortent des préjugés qui sont déjà là[21]». L'opinion saugrenue et insultante d'une autre chroniqueuse de Toronto au sujet de la «pureté raciale» des Franco-Québécois a amené la journaliste Mme Legault à suggérer que la direction éditoriale de l'autre grand journal canadien, *The Globe and Mail,* serait «francophobe[22]». Le lecteur ne sera pas surpris de savoir que, effectivement, l'idée que les Québécois francophones seraient plus intolérants envers les minorités que les autres Canadiens circule fréquemment – et plus librement – sur la toile. Un Québécois réagit ainsi à plusieurs messages envoyés à un forum de discussion sur l'immigration au Canada: «Il est effectivement devenu acceptable sur ce site de mépriser les Québécois en les taxant d'être foncièrement (par atavisme peut-être?) des incultes, ingrats, grossiers, incompétents, une tare pour le Canada, un boulet économique avec un système d'éducation déficient, xénophobes, butés et racistes[23].»

Peut-on s'étonner du succès de librairie de la trilogie de Lester, qui retourne ces accusations de racisme et d'intolérance contre les Canadiens anglais? Les Franco-Québécois, en raison de leur position culturellement subalterne et du défi qu'ils lancent à ce rapport inégalitaire, doivent continuellement se défendre contre les insinuations et les sous-entendus concernant leurs supposés vices congénitaux. La culture anglo-saxonne est tellement robuste au Canada, en Amérique du Nord et dans le monde entier que peu de gens se portent à son secours pour combattre les préjugés – également injustes – qui lui sont habituellement adressés : arrogante, prédatrice, égoïste, frivole, etc. Mais si l'on ressent de la sympathie envers le David québécois qui se bat contre le Goliath canadien-anglais, on ne doit pas pour autant négliger le fait que David a besoin – peut-être plus que Goliath – d'un récit qui lui permette d'énoncer ses griefs, de rallier ses troupes et de braver son adversaire idéologique. Comme je l'ai signalé, la narration organise les éléments subjectifs et objectifs sous la forme d'une « histoire que l'on raconte ». Il va de soi que l'Histoire elle-même sera intégrée dans cette opération. J'espère que mes collègues historiens me pardonneront si j'ose illustrer ce phénomène en relatant très brièvement quelques points historiques clés qui ont trait aux rapports entre le Canada anglais et le Québec. Je ne crois rien dire de faux ou d'erroné dans les deux versions que j'ai concoctées en m'inspirant librement de plusieurs sources universitaires. Toutefois, les deux récits diffèrent très significativement.

La « Cession » de la Nouvelle-France à la Grande-Bretagne en 1760 fut le résultat des longues guerres inter-impérialistes du XVIIIᵉ siècle. La colonie française du Québec était peu peuplée, faiblement développée et mal défendue par la métropole. Il est difficile d'imaginer la possibilité d'une autre issue que la défaite militaire et l'intégration du territoire dans l'Empire britannique, ce qui fut accompli par le Traité de Paris de 1763.

La « Conquête » de la Nouvelle-France par la Grande-Bretagne, achevée par la bataille des Plaines d'Abraham en 1759, a représenté le premier épisode d'un long processus de subordination de la population canadienne-française à la domination britannique et, plus tard, canadienne-anglaise. La colonie française du Québec existait déjà depuis deux siècles et l'agression britannique a donné lieu à la spoliation, l'oppression et la déstructuration de toute la vie communautaire.

L'Acte de Québec de 1774 fut un geste sage et généreux – et exceptionnel dans ce contexte historique – de reconnaissance par le vainqueur des droits collectifs des vaincus (notamment en matière linguistique et confessionnelle), grâce auquel la communauté canadienne-française a pu conserver son caractère distinct au sein de la Confédération, majoritairement anglo-saxonne et protestante, établie en 1867. La Constitution du Canada a consacré l'autonomie provinciale, ce qui a permis au Québec de préserver sa langue et sa religion, et la Charte des droits et libertés de 1982 a confirmé le statut du français comme langue officielle du Canada au même titre que l'anglais.

Le Québec est longtemps demeuré une société traditionaliste, fermée et soumise à l'emprise de l'Église catholique. Notoirement plus pauvre et moins libéral que les autres grandes provinces du Canada, il a surtout progressé par l'élan industrialiste des élites anglophones durant la seconde moitié du XIXe siècle et la première moitié du XXe. Depuis 1957, le Québec a systématiquement été le principal bénéficiaire des transferts interprovinciaux (par lesquels les provinces plus riches renvoient de l'argent vers les provinces moins nanties).

L'Acte de Québec fut un geste stratégique visant à susciter la loyauté des élites francophones – les seigneurs et le clergé – envers la Couronne pour consolider leur autorité sur les colons et obtenir leur appui face aux armées indépendantistes des États-Unis. Les concessions étaient conjoncturelles, car l'objectif véritable des Britanniques était de pousser le peuple canadien-français à s'assimiler. La reconnaissance partielle et ultimement inefficace de certains droits collectifs des francophones par les lois constitutionnelles du Canada découle de ce modèle de « protectorat » (octroi d'une autonomie limitée en échange de l'obéissance).

Le Québec a longtemps fonctionné sur le mode de la « survivance » dans un contexte qui lui était exceptionnellement hostile. Ses propres élites politiques et religieuses ont contribué à maintenir un statu quo qui avantageait les Canadiens anglais. Le « sous-développement » relatif du Québec a été le résultat direct de l'état de dépendance et d'exploitation auquel il a été soumis durant de longues décennies. Quand les Québécois ont enfin pris en main les principaux leviers de leur société, ils ont fait preuve d'un dynamisme économique enviable.

Je tiens à souligner la cohérence interne de chaque narration, car c'est surtout cette cohérence qui génère un «effet de vérité» et qui donne à l'individu le sentiment de posséder la «bonne» explication et les «bonnes» raisons dans le cadre du débat. Revenons à ce que j'ai suggéré au début: ces récits ont un effet structurant sur notre manière d'argumenter et de justifier nos orientations éthiques et politiques. Si j'adopte le discours de la colonne de droite, je serai réticent à attribuer la moindre «générosité» aux Britanniques en 1760 ou à reconnaître le moindre «bénéfice» à l'inclusion du Québec dans le Canada en 1867. Mais ce ne sera probablement pas *à cause* de la cupidité des Britanniques en 1760 ou de l'opportunisme des Canadiens anglais en 1867 que je serai aujourd'hui partisan de la souveraineté du Québec. Ce sera plutôt l'inverse. J'aurai, en effet, tendance à adhérer au récit qui conforte mes croyances, qui légitime mes droits et qui valide ce que je suis.

Revenons à mon ami récemment arrivé de l'Amérique latine et à ses inquiétudes au sujet de la situation politique au Québec. Comme tout immigrant, il sera exposé aux deux récits, mais probablement l'un ou l'autre de ces récits se fera entendre plus nettement, cela en fonction de son univers quotidien, ainsi que des «i» qui sont les siens (idées, intérêts, identité). Les journaux et les livres qu'il lit, les stations de radio et de télévision qu'il syntonise, les personnes qu'il fréquente au travail ou dans son quartier, tous ces éléments vont généralement alimenter et renforcer, chez lui, une des deux versions de la «question nationale». Dans un monde idéal, cet immigrant aurait un accès égal aux différentes sources d'information et d'analyse et pourrait alors se forger une appréciation purement personnelle et désintéressée des enjeux. Dans la réalité, par contre, il y aura de fortes chances qu'il soit plutôt «gagné» par l'un des discours, qui lui paraîtra spontanément plus «vrai» et plus «juste» que le discours opposé. Qui sont les intolérants et les bigots dans la danse des récriminations mutuelles, les Canadiens anglais ou les Franco-Québécois? Comment interpréter, en termes politiques, le fait que le Québec soit toujours bénéficiaire des transferts fédéraux: s'agit-il d'une preuve de la médiocre performance économique de la société québécoise ou bien du lien malsain de dépendance que le Canada a établi afin de mieux garder le Québec à sa place? Pourquoi le Québec possède-t-il un filet de protection sociale plus étendu que le reste du Canada: est-ce le résultat d'une plus grande solidarité collective ou d'une culture d'«assistance sociale»? J'explique à mon ami que la liste d'interrogations s'allonge sans cesse et que les réponses que nous leur donnons s'articulent les unes avec les autres dans une narration qui finit par identifier les coupables et les innocents, les forts et les faibles, les «bons» et les «méchants» de l'histoire. Mon ami est visiblement découragé: «Oui, mais n'y a-t-il pas un discours mitoyen, une lecture neutre ou équilibrée de la question nationale? Pouvons-nous arriver à comprendre et à décider par nous-mêmes, sans tomber sous l'emprise de ces récits idéologiques qui voient le monde en noir et blanc?» Franchement, je ne crois pas que nous puissions – et même que nous voulions – nous libérer entièrement de l'idéologie. Celle-ci schématise et aplatit la réalité politique, mais il faut aussi considérer qu'elle nous permet de nous l'approprier subjectivement et de baliser nos choix et nos actions dans ce domaine. Ce que nous pouvons cependant tenter de faire, c'est de nous méfier systématiquement de nos certitudes et de ne pas «essentialiser» l'autre en projetant sur lui nos stéréotypes.

Au risque de sombrer dans le paternalisme – un défaut associé à mon métier de professeur –, je dis à mon ami que nous sommes tous néanmoins capables de questionner les fondements de nos propres croyances et d'essayer de voir pourquoi le point de vue opposé paraît juste et vrai à nos adversaires politiques. Bien sûr, ce n'est pas simplement en «dialoguant» respectueusement et en «se mettant dans les chaussures de l'autre» que les problèmes seront réglés. Mais les débats politiques évoluent et se dégagent du carcan des préjugés et des généralisations quand les participants essayent honnêtement et rigoureusement d'appliquer à leurs arguments les mêmes critères de vérité et de justice qu'ils appliquent à ceux de leurs opposants.

J'ai enfin une bonne nouvelle à annoncer à mon pauvre ami : *ce type de débat existe au Québec.*

Le débat politique au Québec

Les stéréotypes possèdent une très grande inertie. Non seulement ils dénaturent, simplifient et exagèrent les traits d'un groupe humain déterminé, mais ils tendent à rester immuables dans le temps. Si les préjugés à l'égard des Québécois étaient déjà injustifiés il y a un demi-siècle, ils sont encore moins pertinents aujourd'hui. Les Canadiens français, écrivait par exemple le sociologue Marcel Rioux en 1976, « ont traditionnellement eu tendance à se retrancher dans leur propre ethnie et à se montrer très réservés envers les immigrants[24] ». Cette réticence n'est pas la conséquence d'une mentalité irréductiblement chauvine, comme certains semblent le croire. Elle découle d'un contexte dans lequel, selon Rioux, « "immigrants" a voulu dire "anglophones qui venaient s'ajouter à la majorité dominante" ». Il n'est pas question pour autant de disculper les dérives xénophobes qui ont bel et bien existé dans certains milieux et à certains moments de l'histoire du Québec (non plus que celles du Canada anglais) ou de minimiser les conflits que cette dynamique pernicieuse a pu susciter au fil des ans. Il ne faut pas non plus se cacher la réalité des tensions interculturelles qui persistent encore et dont les racines se trouvent dans le passé (je pense, par exemple, à la relation toujours difficile entre les Québécois « de souche » et la communauté juive du Québec ; j'aborderai cette question dans le prochain chapitre). Cela dit, il est tout à fait déraisonnable de créer une équivalence automatique entre l'affirmation nationaliste québécoise contemporaine et l'exclusion de l'« Autre ». L'identité québécoise s'est considérablement transformée depuis la naissance du mouvement souverainiste et le discours politique et intellectuel à son égard a subi des mutations majeures. Je vais me centrer sur un aspect qui me paraît particulièrement important : le « pour qui » du projet national. Le « pourquoi » et le « comment » ont fait l'objet d'abondantes réflexions et discussions depuis deux ou trois décennies. La «nécessité» et la «viabilité» d'un Québec de plus en plus autonome et «maître de son destin» sont, en effet, devenues des acquis dans ce débat. Attention : je ne réfère pas ici à l'indépendance du Québec, mais à l'idée que la société québécoise détient les moyens de s'autodéterminer et de se fixer ses propres buts collectifs. Plusieurs Québécois considèrent que cela peut être accompli à l'intérieur de la fédération canadienne. Mais le débat demeure problématique en ce qui touche le «nous» québécois. J'ai déjà évoqué cette difficulté dans le chapitre premier, quand j'ai tenté de caractériser l'«être québécois». Le point sur lequel je me pencherai maintenant est celui qui concerne ce que les sociologues appellent le «sujet politique».

Dans la brochure qui expliquait les options soumises à la consultation populaire en 1995, le camp du OUI avançait les arguments suivants :

La souveraineté pour :

DONNER au Québec le cadre politique normal d'un peuple distinct : un pays ;

DÉTENIR tous les pouvoirs afin d'assumer notre développement tout en mettant fin aux débats constitutionnels qui détournent tant de nos énergies ;

GARANTIR l'épanouissement de la langue et de la culture françaises, notamment en récupérant les compétences que le rapatriement de la Constitution en 1982 nous a retirées et en contrôlant 100 % des politiques d'immigration ;

DISPOSER de tous nos leviers pour la création d'emplois, la formation de nos jeunes et la garantie des droits des femmes sur le marché du travail ;

PROTÉGER nos acquis sociaux et mettre les plus démunis d'entre nous et les aînés à l'abri des coupures d'Ottawa ;

DÉCIDER de nos priorités et mettre fin aux iniquités d'un régime qui nous réserve l'aide sociale et l'assurance-chômage alors qu'il crée de l'emploi ailleurs qu'au Québec ;

APPUYER les PME qui créent au Québec 90 % des emplois ;

OFFRIR une véritable décentralisation à nos régions en confiant aux instances locales et régionales les pouvoirs et les ressources nécessaires à leur développement ;

RÉCUPÉRER 28 milliards $ de nos impôts et éliminer 2,7 milliards $ de gaspillages et de dédoublements ;

PERMETTRE au Québec de participer par lui-même et pour lui-même à un monde où l'ouverture des marchés offre de grandes possibilités et des défis nouveaux qu'un fédéralisme inefficace ne permet pas de relever.

Effectuons une petite analyse du discours. Voyons d'abord toutes les occurrences de la référence à « nous » à travers le possessif : « notre développement », « nos leviers », « nos jeunes », « nos acquis sociaux », « nos priorités », « nos régions », « nos impôts ». Ensuite, regardons le thème des dix arguments : huit renvoient essentiellement au développement et à la gestion macroéconomique, ainsi qu'à l'emploi et à la protection sociale (DÉTENIR, DISPOSER, PROTÉGER, DÉCIDER, APPUYER, OFFRIR, RÉCUPÉRER, PERMETTRE). Le premier et le troisième (DONNER, GARANTIR) condensent le message proprement nationaliste : on propose un « pays » comme cadre politique « normal » et on promet « l'épanouissement de la langue et de la culture françaises ». Je n'ai pas besoin de pousser plus loin l'analyse pour que le lecteur perçoive le caractère foncièrement pragmatique d'un tel argumentaire. L'écrivain Michel Tremblay a récemment résumé ainsi cette tendance à faire de l'argent le cœur du projet souverainiste : « Il faut bâtir une société dont le centre sera autre chose que la maudite économie[25]. » Mais je tiens surtout à souligner la distance phénoménale qui existe entre ce discours désincarné et quantitativiste et les interpellations émotionnelles et existentialistes qui caractérisaient l'émergence du nationalisme québécois : « Ne pouvoir vivre comme nous sommes, convenablement, dans notre langue, à notre façon, ça nous ferait le même effet que de nous faire arracher un membre, pour ne pas dire le cœur[26]. »

Le «comme nous sommes» n'a pas à être expliqué ou justifié auprès de ceux qui s'y identifient. Le sujet politique est auto-évident. On lit dans la toute première plate-forme électorale du Parti Québécois: «D'abord la souveraineté du Québec, à la fois but et moyen. But: car elle est l'étape d'accomplissement normal de notre évolution, le terme du long processus défensif de la survivance. Moyen: puisque cette fin d'une époque constitue en fait un vrai commencement, celui de la maturité, de la certitude de vivre et de la capacité du progrès continu[27].» Il n'y a ici aucun doute à propos de l'identité du sujet *au nom duquel* le parti aspire à parler et *pour qui* le parti cherche à réaliser la souveraineté. Jacques Parizeau, dans ce même document publié en 1970, lance une formule tranchante: «La solution du Parti Québécois: un seul gouvernement qui soit québécois et exclusivement pour nous, les Québécois.» Cette vision – associée au cri «Le Québec aux Québécois» qui caractérise les manifestations durant la campagne électorale de 1976 – donne lieu à une démarcation absolue entre «nous» et les autres, si bien que l'authenticité ethnique des individus peut être invoquée sur la scène publique. René Lévesque, un démocrate exemplaire, disait de son adversaire: «Il ne faudrait pas oublier que Trudeau a été élevé dans un milieu écossais très snob et très riche. Sous le démocrate bien assis se cache un enfant gâté qui n'a pas de racines au Québec[28].» Ce type de commentaire – courant à l'époque – est aujourd'hui presque universellement dénoncé comme relevant de l'«ethnicisme». Il serait cependant naïf de croire que l'attitude est complètement disparue de l'horizon politique, comme le démontre cette déclaration de Mme Suzanne Tremblay, députée du Bloc québécois, au sujet de Jean Charest, qui deviendra premier ministre du Québec en 2003: «On va essayer de se rappeler qui est Jean Charest. D'abord, c'est John Charest. Son prénom, c'est John sur son extrait de baptême. Ce n'est pas Jean. Et ça l'arrange d'être Jean, pour nous. Mais son vrai nom, c'est John. Il ne faut pas l'oublier[29].»

L'intérêt de cette dernière citation n'est pas de révéler un supposé substrat raciste dans la mouvance souverainiste – ce que d'aucuns n'ont pas tardé à faire – mais de montrer que ce genre de rhétorique est devenu plutôt rare et carrément inacceptable (le chef du Bloc québécois a demandé lui-même à Mme Tremblay de s'en expliquer; «Mme Tremblay jure qu'elle n'a jamais cherché à remettre en question le côté "pure laine" de Charest, mais comprend qu'on peut tirer cette interprétation[30]»). Le nationalisme québécois s'est délesté des pesanteurs ethniques et a embrassé pleinement ce que les philosophes de la politique appellent le nationalisme «civique», soit un projet national fondé sur la libre adhésion des individus et l'égalité de tous en dehors de tout particularisme (de sexe, de race, de langue, de religion, etc.). L'idéal de l'universalisme qui sous-tend cette approche place la raison et la volonté devant les origines ancestrales et les loyautés groupales. Il est évident que cette opération de «dés-ethnicisation» du projet national le rend plus recevable aux yeux de ceux qui ne s'identifient pas au «nous» des discours de Lévesque et Parizeau. Ce «nous» imposait, en effet, une frontière infranchissable. La plate-forme actuelle du Parti Québécois adopte, dès son tout premier point, une position d'ouverture maximale. Le rêve d'un Québec souverain ne s'appuie plus sur une «évolution» du peuple canadien-français (une conception «fataliste», fondée sur les idées d'origine et de destin), mais sur le projet de bâtir un pays «emballant» (une conception «volontariste», fondée sur les efforts conscients et délibérés des membres d'une collectivité):

> L'objectif premier du Parti Québécois est de réaliser la souveraineté du Québec afin de faire de celui-ci un pays prospère et solidaire. Pour rallier une majorité de la population à cet objectif, le Parti Québécois doit proposer un projet de pays concret et emballant. Les engagements électoraux du Parti Québécois seront définis en fonction de ce projet de pays social-démocrate et s'appuieront, entre autres, sur les données du cadre financier d'un Québec souverain[31].

Les statistiques suivantes sur l'usage de certains mots dans ce document, ainsi que dans la plate-forme du Bloc québécois, nous éclairent sur la tendance à la «dés-ethnicisation» totale :

Parti Québécois		Bloc québécois	
131	pays	117	pays
54	culture	52	culture
37	langue	23	peuple
29	communauté	17	nation
25	nation	11	langue
13	histoire	11	communauté
12	peuple	11	histoire

Dans un contexte où prédomine si nettement le terme le plus neutre du vocabulaire nationaliste, «pays», on observe un usage exceptionnellement prudent du «nous». Des énoncés comme le suivant reflètent une volonté de minimiser l'association entre le sujet politique de la souveraineté et l'identité canadienne-française originelle : «Nous pouvons désormais offrir consciemment à nos enfants, les yeux grands ouverts, ce pays que nous bricolons depuis des décennies et l'école qui vient avec. Ce pays ne se fera pas sans nos enfants et nos jeunes ; il se fera pour et par eux.»

Bref, d'un «nous» exclusiviste, on est passé à un «nous» qui a peur de son ombre. Dans *L'histoire en trop*, mon collègue Jacques Beauchemin montre comment l'identité franco-québécoise est marquée par une propension à l'effacement de soi-même, par un «refus de soi sur lequel s'est édifié, il y a quarante ans, le Québécois contre le Canadien français, et qui dresse aujourd'hui le démocrate acquis aux vertus du nationalisme "civique" contre celui dont on a honte et que l'on taxe d'"ethniciste"[32]». Selon Beauchemin, cette attitude est à la base d'un paradoxe : celui du «projet d'une communauté d'histoire qui voudrait constituer un sujet politique [...] à partir de ses caractéristiques propres, tout en prétendant se situer dans un rapport d'égalité avec toutes les autres». Face à cette impasse, Beauchemin propose alors de construire un nationalisme qui «puisse constituer un lieu de rassemblement capable de fonder une éthique sociale faite de solidarité et de reconnaissance des différences». Il s'agit, bref, d'assurer la pérennité de la communauté historique d'origine canadienne-française, «mais cela, dans la perspective d'une démocratie respectueuse des droits civiques qui sont, par définition, attachés au citoyen». Pourtant, les nationalistes «civiques» – ceux qui ont abandonné toute velléité ethniciste – se trouvent devant un dilemme où les deux options qui leur sont offertes s'avèrent problématiques. En choisissant la première, ils peuvent «universaliser» la mémoire franco-québécoise pour la rendre acceptable aux yeux des autres groupes. Cette approche est, par exemple, prônée par l'historien Gérard Bouchard. Il définit la nation québécoise comme une «francophonie nord-américaine» et réduit l'identité québécoise à la seule maîtrise du français[33]. Une telle identité qui se conçoit «au-delà des Canadiens français» conduit inévitablement au phénomène du «refus de soi» que Beauchemin décrit dans son livre. Pourquoi et surtout *pour qui* faire alors la souveraineté? Pour l'effectuer, la conscience historique de la majorité devrait se dissoudre dans un idéal qui ne serait autre chose que celui d'un petit Canada francophone, avec sa Charte des droits, sa politique de multiculturalisme (nommée autrement), son appartenance nord-américaine et son penchant socialement progressiste comme seuls principes identitaires. L'autre approche est celle de l'affirmation (sans complexes) de l'héritage canadien-français. La plupart des États occidentaux ont réussi – par la violence physique et symbolique – l'homogénéisation de leur espace identitaire, en «nationalisant» le territoire, les institutions et les esprits. En revanche, le Québec, qui n'a pas connu cette dynamique de construction nationale, est resté jusqu'à aujourd'hui un lieu de cohabitation de plusieurs mémoires et cultures. Le Québec aurait certainement pu devenir un pays «normal» au XIXᵉ siècle, comme la majorité des sociétés dans les Amériques (si, par exemple, la Rébellion de 1837-1838, un mouvement d'émancipation anticolonial, n'avait pas échoué). Mais cela n'a pas été le cas et le Québec demeure un espace multidimensionnel où la canadianité et la québécitude (sans parler de l'amérindianité) se côtoient et se superposent, sans jamais coïncider parfaitement. C'est pourquoi je crois que le projet national franco-québécois peut légitimement promouvoir une identité forte pour laquelle il existerait de véritables *voies d'accès*, mais il doit également proposer des *voies alternatives* pour ceux qui choisissent de ne pas s'y identifier.

Le débat qui a eu lieu en 2001 au sujet des recommandations de la Commission des États généraux sur la situation et l'avenir de la langue française au Québec, présidée par Gérald Larose, nous permet de saisir l'une des dimensions clés de cette question. La première recommandation de cette commission était de reconnaître formellement et officiellement une citoyenneté québécoise – même si le Québec fait toujours partie du Canada –, cela pour que les Québécois puissent se donner « la reconnaissance expresse de l'appartenance à une nation, à une communauté de personnes qui font le choix de vivre ensemble au sein d'une culture commune ». Il est difficile de ne pas être d'accord sur le principe d'une citoyenneté « inclusive et accueillante ». Il n'échappe à personne, d'ailleurs, que le recours systématique à la notion de citoyenneté – autant dans les milieux universitaires que sur la scène politique – découle en partie de la volonté des souverainistes d'affirmer le caractère « civique » du nationalisme québécois, cela en réponse à ceux qui le rangent plutôt du côté des « ethnicismes ». Dans tous les cas, la discussion sur la légitimité d'une éventuelle citoyenneté québécoise qui serait complémentaire à la citoyenneté canadienne est en soi intéressante et pertinente. Il y a pourtant une question qu'il faut poser d'emblée, car elle est préalable au débat proprement politique : la citoyenneté québécoise, même si sa portée est purement symbolique, serait-elle obligatoire et automatique – attribuée à tous les résidants et à tous les nouveaux arrivants – ou serait-elle le résultat d'un geste volontaire posé par chaque individu ? La notion de citoyenneté est fondamentalement liée à l'idée du contrat social, c'est-à-dire à la représentation d'une communauté civique, rationnelle et élective. Il est vrai que la figure du contrat social par lequel le citoyen s'intègre volontairement et activement à la société est avant tout un dispositif philosophique, car l'enfant qui naît au Canada ne demande pas d'être admis dans le corps politique canadien et pourtant l'État lui assigne une citoyenneté. Mais dans des sociétés démocratiques et ouvertes comme le Québec, il existe des règles qui confirment le caractère électif de la citoyenneté : d'une part, l'immigrant n'a pas l'obligation d'acquérir la citoyenneté (en fait, il y en a beaucoup qui ne le font pas ou qui le font tardivement) ; d'autre part, le citoyen a toujours le droit de renoncer à sa citoyenneté (cela est assez compliqué sur le plan pratique, mais le principe est bien là).

Il serait extrêmement ardu pour l'État québécois – à moins qu'il ne déclare son indépendance par rapport au Canada – d'imposer d'office une citoyenneté à tous les résidants et à tous les immigrants de son territoire. Comment composer avec la contradiction inhérente à une nouvelle citoyenneté obligatoire, comment expliquer que cette mesure coercitive s'appuie sur l'existence d'une « communauté de personnes qui font le choix de vivre ensemble au sein d'une culture commune » ? En fait, même si la citoyenneté est attribuée de manière automatique, il devra bien exister une façon juridique ou administrative de la rejeter. Il va sans dire que le refus de la citoyenneté québécoise pourrait constituer un geste politique extraordinairement puissant s'il devenait l'emblème d'un mouvement politique de contestation. Une autre solution serait bien sûr celle d'une citoyenneté québécoise optionnelle : le résidant et l'immigrant aurait le choix de l'adopter ou non. Mais ce choix, serait-il du genre que l'on trouve dans certains formulaires : « Si vous ne désirez pas devenir citoyen québécois, veuillez cocher cette case » ? On peut imaginer qu'un projet qui vise à « accroître la conscience de partager une même citoyenneté » ne se suffirait pas d'une adhésion « par défaut ». Y aurait-il alors une carte de citoyen, une cérémonie, un serment, comme c'est le cas avec la citoyenneté canadienne? Non seulement il est improbable que la majorité des Montréalais anglophones fassent la file devant les bureaux du ministère de l'Immigration et des Communautés culturelles afin de demander leur citoyenneté québécoise, mais il est surtout difficile d'imaginer la façon dont elle sera offerte aux nouveaux arrivants: comment leur faire comprendre que la citoyenneté québécoise n'est ni obligatoire ni nécessaire, qu'ils ne seront pénalisés en aucune manière s'ils décident de la décliner, mais qu'ils sont fortement encouragés par l'État québécois à l'accepter? Comment énoncer ce message sans qu'il soit confondant, voire intimidant pour l'immigrant?

Bref, une citoyenneté québécoise obligatoire et automatique – fût-elle strictement symbolique ou liée à certains droits civils et politiques – serait jugée illégitime par beaucoup de Québécois et, sans doute, par la majorité des Canadiens hors Québec. Une citoyenneté rattachée à un État-nation n'a pas à faire la preuve de son caractère électif car elle correspond à l'identité nationale de la majorité de sa population (ou, du moins, à l'identité dominante *de facto*). Par contre, une citoyenneté nouvellement instituée dans un contexte d'hétérogénéité culturelle, linguistique ou ethnique doit s'asseoir de manière explicite sur le principe du contrat social, c'est-à-dire sur le choix libre et éclairé de ceux qui s'associent dans un «vouloir-vivre ensemble». Mais la création d'une citoyenneté volontaire risquerait d'entraîner une conséquence encore pire, celle de «formaliser» et d'«officialiser», pour reprendre les termes du rapport Larose, un clivage identitaire: seront citoyens québécois les individus qui auront adopté librement la citoyenneté québécoise. Dans un article publié dans *Le Devoir*, j'ai soutenu que l'instauration de deux catégories de Québécois sur la base d'un choix identitaire n'est sûrement pas un scénario souhaitable[34]. On peut faire l'hypothèse que les individus qui adhéreront à la nouvelle citoyenneté seront ceux qui sont déjà favorables à la souveraineté du Québec. Que faire alors des non-citoyens québécois qui élisent domicile au Québec? Les passions soulevées par le débat autour des «accommodements raisonnables » – les aménagements particuliers qui, dans certaines circonstances, permettent de limiter ou de suspendre l'application d'une règle afin d'accommoder les coutumes culturelles d'une minorité – témoignent du danger qu'entraîne la division de la société entre « nous » et « eux ».

Les « accommodements raisonnables »

Bien que la controverse autour de l'« accommodement raisonnable » entre la majorité et les minorités se soit déjà manifestée depuis quelques années au Québec, il est clair qu'un véritable débat de société a été déclenché vers la fin de l'année 2006 et que l'« accommodement raisonnable » a été mis au premier plan de l'ordre du jour public au début de l'année 2007. Cela s'est produit à la suite d'une série de « révélations » concernant le traitement « privilégié » offert à certains individus et groupes par des organismes publics en raison de leurs croyances. En effet, pendant quelques semaines durant les mois de novembre et décembre 2006, les médias ont fait leurs manchettes et leurs bulletins de nouvelles avec de nouveaux « cas » où le principe d'égalité aurait été bafoué au nom d'une tolérance excessive à l'égard de certaines normes ou pratiques religieuses. Un exemple fréquemment cité : dans le Centre local de services communautaires (CLSC) Sainte-Rose, un juif pratiquant a été pris en charge plus tôt, passant devant d'autres patients qui attendaient leur tour, afin qu'il puisse quitter avant la tombée du soleil et le début du sabbat[35]. Un autre exemple bien connu : dans un CLSC de Parc-Extension, on a créé un cours prénatal exclusivement réservé aux femmes afin de ménager les sensibilités des futures mères musulmanes, hindoues et sikhes[36].

Ces quelques « cas » ciblés par les médias – pas plus d'une vingtaine au total durant les deux derniers mois de l'année – ne concernaient, dans leur ensemble, qu'une proportion infime des millions de relations interculturelles qui ont lieu chaque jour à Montréal. Pourtant, ils ont servi à projeter une image considérablement amplifiée du phénomène de l'« accommodement raisonnable » et cela systématiquement sous un angle critique[37]. Cette couverture négative s'est reflétée dans un sondage réalisé en décembre 2006 qui montrait que deux tiers des francophones estimaient que la société québécoise était « trop tolérante » et que près d'un tiers considéraient qu'il y avait « trop d'immigrants » au Québec[38]. Mais l'événement qui a le plus capté l'attention de l'opinion publique québécoise a été l'entente conclue discrètement entre le YMCA d'Outremont, un quartier dont environ 20 % de la population est hassidique, et une école religieuse avoisinante au sujet des fenêtres du gymnase. Cette école avait proposé aux autorités du YMCA de payer pour le givrage des vitres afin d'empêcher ses jeunes élèves de voir des femmes faire de l'exercice en tenue sportive. Le YMCA a accédé à la requête, après avoir mené une consultation interne. Depuis que ce cas a été rendu public, il est devenu emblématique du problème, si bien que toute discussion sur l'« accommodement raisonnable » semble devoir s'y référer comme illustration flagrante de ses « dérapages ». Le premier ministre du Québec, Jean Charest, l'a spécifiquement mentionné comme exemple d'un « arrangement contraire aux *valeurs de notre nation*[39] » (c'est moi qui souligne). L'ancien ministre fédéral de la Citoyenneté et de l'Immigration, Denis Coderre, identifiait, quant à lui, les deux extrêmes du problème : « Dire qu'on ne peut pas avoir un sapin de Noël parce qu'on ne peut pas célébrer Noël n'a pas de sens. Mettre des fenêtres givrées au YMCA n'a pas de sens[40]. » Cette phrase trace nettement une borne dans les rapports entre la majorité et la minorité, entre l'identité universalisée (celle dont les éléments religieux ont été laïcisés et intégrés dans la culture publique) et les identités particularistes (dont certains éléments religieux sont considérés comme allant à l'encontre des principes universalistes). En fait, pour la première fois de l'histoire récente du Québec, le thème de l'accueil des immigrants et des rapports entre la majorité « de souche » et les minorités ethnoculturelles a été récupéré par le discours politique dans le but évident de tirer parti des attitudes frileuses des natifs face aux étrangers. Mario Dumont, chef de l'ADQ, s'est rapidement approprié le thème de la « perte de l'identité » que les partis d'extrême droite en Europe exploitent depuis belle lurette. Comme d'autres leaders populistes, Dumont appelle ses concitoyens à « défendre et [à] promouvoir *les valeurs de notre société* » et à « poser des gestes qui vont renforcer *notre identité nationale* » (c'est moi qui souligne), tout en dénonçant l'« à-plat-ventrisme » de la classe politique face aux « demandes formulées par des représentants de communautés ». À en juger par les résultats exceptionnels obtenus par l'ADQ à l'extérieur de Montréal dans les élections de mars 2007, il semble évident que son discours a touché une corde sensible chez les habitants des régions massivement francophones, conservatrices et de vieille souche française du Québec. Selon Dumont : « L'égalité des droits, on l'a, et il faut s'en féliciter. [...] Mais il y a une nuance entre ça, et s'effacer soi-même et dire que la majorité n'a plus le droit d'exister, d'avoir ses traditions, d'avoir ses façons de faire. Ça, pour moi, c'est un à-plat-ventrisme qui ne mène nulle part[41]. »

Dans ce contexte, bien des Québécois n'ont pas tardé à mobiliser, eux aussi, ce double argument – typiquement populiste – de l'autocongratulation (« nous sommes trop généreux et trop ouverts ») et de l'autovictimisation (« nous sommes les seuls à ne pas avoir des droits »). En novembre 2006, dans un forum de Canoë Infos (propriété du géant Quebecor Média qui publie, entre autres, *Le Journal de Montréal*) sur la question « La société québécoise va-t-elle trop loin pour accommoder les minorités ? », la vaste majorité des messages répondaient par l'affirmative et un bon nombre d'entre eux reflétaient l'imaginaire de l'étranger usurpateur et insatiable profiteur de la bonté ou de la lâcheté de la population locale[42] :

Il faut arrêter de se comporter avec les [membres des] minorités comme s'ils étaient des enfants-rois. On sait où ça va nous mener, ils n'en auront jamais assez et ils nous mettront dehors de notre propre patrimoine !

Ceux qui disent qu'on a qu'à dire non, belle façon d'avoir les groupes, les ligues et les avocats sur le dos, parce que ces gens-là ne demandent pas, ils exigent et il est hors de question de leur refuser quoi que ce soit. Ils ont ce qu'ils veulent de bon ou de mauvais gré!

La religion n'est pas un passe-droit dont on peut se servir impunément en tout temps et en tout lieu!

Maudite charte des droits et maudit *politically correct*, il est temps qu'on mette nos culottes et [qu'on soit] capable de dire non, sans passer pour des racistes [...].

On peut avancer que, en l'espace d'à peine quelques semaines, une limite du discours public a cédé au Québec. Beaucoup de «gens ordinaires» ont manifestement perçu que les frontières du dicible au sujet de l'«Autre» avaient été repoussées. Dans les lettres des lecteurs et dans les tribunes téléphoniques abondaient les invitations à «repartir» adressées à ceux qui ne s'intègrent pas à la société québécoise. Dans ce contexte, une chanson composée par un agent de police a fait fureur sur Internet[43]. Intitulée *Ça commence à faire, là*, elle semble refléter le sentiment de bien des Québécois (à en juger par les milliers de messages, blogs et pétitions qui circulent dans le but d'appuyer l'auteur, car il a été mis sous enquête par le comité de discipline de la police de Montréal). En voici quelques extraits (sur l'air du *Moustique* de Joe Dassin):

> On pense que ça commence à faire, là
> On pense qu'on a assez ri de nous autres, là
> Pis pour ceux qui n'seraient pas contents
> Crissez-moi votre camp
> On veut bien accepter les ethnies
> Mais non pas à n'importe quel prix
> Si tu veux te joindre à notre beau pays
> Tu devras faire certains compromis
> [...]

> Si tu n'es pas content de ton sort
> Y'existe un endroit qu'est l'aéroport
> Toi, ma minorité ethnique
> Arrête un peu ta musique
> Sinon dans ce cas-là tu devras
> Retourner chez toi
> Retourner chez toi[44]

Le nouveau contexte discursif a même encouragé, dans certains cas, l'expression de propos à caractère haineux – ouvertement racistes et antisémites – dans des forums qui jusque-là les avaient rarement accueillis[45]. Il va sans dire que les médias ont contribué à enflammer le débat par le biais de sondages qui démontraient le prétendu «racisme» latent des Québécois[46], de commentaires journalistiques qui renforçaient les stéréotypes («les juifs ne parlent pas assez le français et ne s'intègrent pas à la société québécoise[47]») et de tribunes ouvertes qui donnaient la parole aux xénophobes. Mais le coup de grâce a sans doute été la promulgation du «code de vie» de la municipalité d'Hérouxville en janvier 2007. Cette petite ville de 1300 habitants, sans immigrants ni minorités, a proclamé par exemple: «Nous considérons que les hommes et les femmes ont la même valeur. [...] Par conséquent, nous considérons comme hors norme toute action ou tout geste s'inscrivant à l'encontre de ce prononcé, tels le fait de tuer les femmes par lapidation sur la place publique ou en les faisant brûler vives, les brûler avec de l'acide, les exciser, etc.»

Le «code de vie d'Hérouxville» a immédiatement capté l'attention des grands médias internationaux (dont CNN et la BBC) et a provoqué une véritable tourmente publique au Québec. Bien que censuré et ridiculisé par plusieurs commentateurs, le «code» a étonnement reçu l'approbation de figures reconnues, dont l'éditorialiste du journal progressiste *Le Devoir*, Josée Boileau: «Au fond, peut-être faut-il imiter Hérouxville, l'hyperbole en moins, mais les principes tout aussi clairs[48]!» Il est évident que ce «code» – purement symbolique puisque sa valeur juridique est nulle – n'aurait pas vu le jour sans le climat d'anxiété collective

alimenté par la controverse des «accommodements raisonnables» dont Montréal est l'épicentre. Les milliers de messages
d'appui qui sont venus de partout dans la province témoignent
des nouveaux paramètres du discours public au sujet de l'«Autre».
Celui-ci est généralement essentialisé comme un «immigrant»
– même si plusieurs minorités sont installées au Québec depuis
des générations – qui aurait «fui» son pays (c'est le terme que le
maire et les six conseillers municipaux d'Hérouxville emploient
dans leur lettre de présentation du «code») et qui doit accepter
«l'égalité entre les personnes». Le code est un amalgame de préjugés, de propos risibles (notamment la clause «Halloween» au
sujet des visages couverts), ainsi que d'énoncés carrément vexants
à l'endroit de certains groupes religieux : «Si les enfants mangent
de la viande de bœuf, à titre d'exemple, ils ne chercheront pas à
savoir la provenance du bœuf, qui l'a tué, à quel endroit, de
quelle façon ou quel jour. Dans nos familles, ce qui est ingurgité
par la bouche sert exclusivement à nourrir le corps. L'âme se
nourrit autrement[49].»

Mon but n'est pas d'exposer le caractère «intolérant» de la
société québécoise ou de ses élites. Au contraire, je tente de
montrer que, même dans une société extrêmement ouverte à la
différence[50], la tension entre la majorité et les minorités est iné-
vitable. Ce n'est pas un hasard si la crispation identitaire a surtout eu lieu dans des régions ethniquement homogènes. L'«Autre»
est, dans ces espaces, une entité imaginaire dont le refus de
s'adapter représente une remise en question des valeurs universa-
lisées. Les «immigrants» sont perçus comme une menace, non
pas en raison de leur puissance matérielle (leur poids démographique, leur richesse ou leur pouvoir), mais surtout en raison de
leur capacité à mobiliser les ressources éthiques et juridiques des
institutions dans le but de questionner le monopole culturel que
détient la majorité (et qui lui permet de déterminer ce qui est
«normal» dans la société). L'«accommodement raisonnable» est
alors remis en cause par la majorité au moyen de deux logiques
différentes : l'argument de l'égalité formelle (les accommodements accordent «trop» de droits aux minorités au détriment de

ceux de la majorité) et l'argument moral (les accommodements, par leur formalisme et leur pragmatisme, entraînent un «effacement de soi» de la part de la majorité, dont l'identité est historiquement liée aux institutions de la société et possède donc un statut prépondérant). Il est important de bien saisir cette distinction. Ainsi, par exemple, la volonté collective de protéger la langue française au Québec ne relève pas d'un argument de justice formelle, car selon ce dernier toutes les langues devraient être traitées de façon égalitaire, mais plutôt d'un argument qui postule *arbitrairement* sa primauté sociale: le français n'est pas la langue *véritable* ou la *meilleure* pour les Québécois, mais celle qui leur permet de se représenter en tant que tels.

Comme l'explique le professeur de droit José Woehrling, le terme «accommodement raisonnable» a une origine juridique précise et renvoie à l'obligation des institutions et des organismes de prendre des mesures raisonnables – d'abord en matière de relations de travail et, par la suite, dans tous les domaines d'activité visés par les lois relatives aux droits de la personne – afin d'éviter la discrimination fondée sur la religion, le handicap, le sexe ou la grossesse, entre autres[51]. Selon Woehrling, «le concept d'accommodement raisonnable a d'abord été élaboré […] à partir du concept d'égalité». Pourtant, le terme «accommodement raisonnable» a acquis un sens tout différent dans le discours public québécois contemporain. La dimension juridique a été largement évacuée (dans presque tous les cas «dévoilés» par les médias, l'arrangement était le résultat d'une entente informelle entre les parties et non pas d'une obligation imposée par une autorité étatique) et la connotation consacrée a été celle de la *concession*, plutôt que celle de la négociation et du compromis. La majorité *concède* un «privilège» à une minorité, ce qui entraîne toujours une *perte* collective: la relativisation des normes, le rétrécissement de l'espace public, le retranchement du bien commun, etc. L'accommodement représente, dans cette perspective, le résultat négatif d'un jeu à somme nulle par lequel la cohésion sociale avance (en intégrant l'Autre) ou recule (en lui cédant du terrain).

Les lectures simplistes de la tension entre la majorité et les minorités font état de «frictions» ou de «chocs» culturels. Pourtant, cette tension découle d'une réalité sociologique fondamentale : celle de la contradiction entre l'idéal universaliste et le «monopole de l'universel» détenu par la majorité et qui, dans les mots du sociologue Pierre Bourdieu, «confère à un arbitraire culturel toutes les apparences du naturel[52]». Les demandes d'accommodement formulées par les minorités à la majorité sont, par définition, paradoxales. Les revendications de nature différentialiste se font, en effet, sur la base d'une exigence d'égalité (habituellement par la négative : non-discrimination). La réponse de la majorité est, elle aussi, paradoxale : le refus de l'accommodement particulariste se fait au nom de l'égalité formelle, alors que les arguments égalitaristes de la minorité sont neutralisés par l'appel au particularisme de la majorité. Concrètement : on n'adapte pas nos pratiques institutionnelles pour tenir compte des contraintes comportementales de certains groupes religieux (par exemple, sur le plan de la tenue vestimentaire), cela au nom de l'universalisme, mais on refuse d'éliminer les vestiges de la religion majoritaire – par exemple, la présence du crucifix à l'Assemblée nationale et le congé de Pâques – au nom de la préservation de notre «tradition» et de notre «culture». Une fois de plus, il est nécessaire de souligner qu'il ne s'agit pas de dénoncer une quelconque hypocrisie ou mauvaise foi de la part de la majorité, mais plutôt de décrire un mécanisme tout à fait explicable d'un point de vue sociologique.

L'idée d'«accommodement raisonnable» a été dénaturée par son usage médiatique et démagogique, mais elle contient un potentiel considérable comme outil social de raisonnement et de discussion dans un contexte d'hétérogénéité culturelle. Les restrictions alimentaires basées sur des croyances religieuses des patients d'un hôpital, par exemple, ne peuvent pas être rejetées du revers de la main en invoquant la laïcité des institutions quand, en même temps, les enfants non-chrétiens qui fréquentent des écoles publiques sont encouragés à dessiner la scène de la Nativité durant les cours d'arts plastiques[53]. Si l'on se fie au discours public actuel, la plupart des Québécois francophones appliquent l'argument formel dans le premier cas («c'est pareil pour *tout le monde*») et l'argument moral dans le second («ça fait partie de *nos* traditions»). Ils ont peut-être raison, mais un débat qui tienne véritablement compte du point de vue de l'Autre s'avère néanmoins nécessaire[54]. Comme tout autre enjeu au Québec, la question des rapports entre la majorité franco-québécoise et les minorités ethnoculturelles est largement abordée sous l'angle de la «question nationale» et celle-ci n'est pas compréhensible en dehors des dynamiques identitaires que j'ai décrites dans le chapitre II.

En 1967, Bergeron dressait avec ironie la «Fiche signalétique de l'Homo Quebecensis[55]». Sous la rubrique «Psychologie», il indiquait: «maniaque de l'introspection collective». L'étranger qui lit les journaux remarque tout de suite l'égocentrisme de la politique québécoise: tout enjeu social, économique ou culturel, peu importe sa nature, est ramené tôt ou tard à son lien avec la «question nationale». Mais cette manie collective ne doit surtout pas être confondue avec de l'unanimisme. L'image d'un nationalisme intolérant qui sépare le monde entre «nous» et «eux» et qui exerce une censure sur le plan des idées persiste malheureusement dans l'esprit de plusieurs. Il m'est arrivé de devoir réagir à l'étonnement de quelqu'un qui trouvait inouï le fait que j'aie été embauché en 2000 comme professeur dans une université aussi «nationaliste» que l'UQAM! Toutefois, en dépit des perceptions inexactes ou désuètes, des milliers de professeurs, d'étudiants, d'activistes, de journalistes et d'artistes participent à la conversation collective sur l'avenir du Québec. Les convictions sont fermes mais les discussions sont rarement hargneuses et, généralement, même les plus exaltés admettent la recevabilité de l'opinion contraire. La controverse autour des «accommodements raisonnables» a certes ouvert la porte à des excès discursifs regrettables. Mais, après tant d'années au Québec, je m'étonne encore de la civilité et du légalisme – d'aucuns y voient, à mon avis erronément, une dose de docilité et de conformisme – des intellectuels, des militants et même de ceux qui sont censés incarner les positions « radicales ». L'obsession identitaire et le fort égalitarisme de la société québécoise contribuent à susciter une puissante délibération démocratique autour de la grande question de l'être-ensemble. Sous le grand chapeau de la « question nationale » se déploient des débats extrêmement importants sur les principaux enjeux sociaux, environnementaux, économiques et géopolitiques de notre temps, tels la mondialisation, la diversité culturelle, l'éducation publique, l'intégration continentale, la coopération internationale, les inégalités sociales et la démocratie. La « question nationale » elle-même suscite des développements innovateurs et enrichissants qui dépassent le seul cadre québécois, comme en témoigne, par exemple, le rayonnement international de l'œuvre de deux philosophes canadiens qui se sont penchés sur le nationalisme québécois : Charles Taylor et Will Kymlicka. Les deux « récits idéologiques » que j'ai décrits au début du chapitre demeurent toujours en place et ne sont pas à la veille de se fusionner dans une narration commune. Comme les récits opposés de la gauche et de la droite ou du néolibéralisme et de l'altermondialisme, les récits fédéraliste et souverainiste continueront à mobiliser et à inspirer les gens et, si l'on se fie à la situation présente, le débat se poursuivra sans cesse, même si la souveraineté du Québec se réalise un jour. Si j'ai un conseil à donner à mon ami néo-québécois, c'est de participer le plus pleinement possible à ce débat – d'abord par l'écoute attentive et respectueuse –, en gardant l'esprit ouvert et en refusant de tomber dans le piège des certitudes absolues et des stéréotypes faciles.

montreal.qc.ca

Montréal est à la fois l'essence et la négation du Québec. Dans la métropole, les opposés se touchent et les identités se rencontrent. Dans ce chapitre, je dresse un portrait de la ville, des groupes qui l'habitent et des
tensions qui la façonnent.

Montréal est une ville *bum* qui n'a certes pas le charme
des grandes capitales impériales, mais c'est une ville
fantastique[1].

Le problème majeur de Montréal, c'est l'ennui. Il y a
des quartiers de Montréal qui me font dormir[2].

[Montréal] est une brave fille qui ne se donne pas au
premier venu, et qui cache ses charmes[3].

Des nids de poule partout, des commerces fermés à
pleine rue, des poubelles qui débordent, le métro qui
tombe en panne tout le temps[4]…

[Si] nous sommes plusieurs à trouver Montréal laid,
c'est à cause de notre incorrigible défaitisme[5].

Toutes les grandes villes sont enveloppées de paradoxes et de
contrastes. Les touristes chevronnés connaissent bien le phénomène : la jungle urbaine de New York les séduit, mais son rythme
frénétique les repousse ; ils sont éblouis par la personnalité de
Paris, mais pas tellement par la personnalité du Parisien typique ;

Buenos Aires les charme avec ses merveilleux exemples d'Art nouveau, mais elle les déçoit aussitôt par la présence répandue du style « bidonville latino-américain ». Chaque métropole manifeste, à sa façon, les contradictions de la société moderne, ses grandeurs et ses misères. Montréal n'échappe pas à cette règle. Je dirais même qu'elle se définit par une coexistence bizarre du meilleur et du pire. Par exemple : Montréal « a reçu officiellement le titre de "ville de design" décerné par l'UNESCO[6] », mais un expert en marketing britannique a « déclaré qu'en parcourant le trajet entre l'aéroport de Dorval et le centre-ville, il s'était cru non pas à Montréal, mais au Kazakhstan[7] » ; Montréal est un « chef de file dans le domaine des transports grâce à Bombardier et au siège social de l'IATA[8] », mais tous les usagers du transport en commun – y compris les visiteurs – « notent l'absence inexcusable d'accès au métro pour les handicapés[9] » ; les grands magazines internationaux « ont classé Montréal dans leur palmarès des villes les plus *trendy* de la planète à cause de sa qualité de vie, de sa personnalité festive et de son effervescence culturelle[10] », mais elle est en même temps « une ville de pauvres », « le champion canadien du taux de chômage et des familles monoparentales[11] » ; Montréal « est la capitale de la recherche universitaire au Canada », avec ses « 450 centres de recherche universitaires et privés[12] », mais elle « fait aussi piètre figure au plan de la scolarité[13] » quand on la compare aux autres villes canadiennes. Même si la liste des défis auxquels Montréal fait face est déjà assez longue, il faut y ajouter un point singulièrement troublant : Montréal est plutôt mal-aimée des Québécois qui ne l'habitent pas. À la suite de la publication des résultats d'un sondage sur l'image des villes du Québec, le maire Gérald Tremblay a dû se rendre à l'évidence : « Montréal doit regagner le cœur des Québécois. » En effet : « Plus d'un résidant de la province sur deux (54 %) n'habiterait pas à Montréal, révèle le sondage mené [...] auprès de 2000 Québécois provenant de 10 grandes villes du Québec. Pire encore, la cote de popularité de la métropole fond à mesure qu'on s'en éloigne[14]. »

Les métropoles sont sans exception l'objet d'un rapport d'amour-haine de la part de leurs résidants et de ceux qui, à l'extérieur, subissent leur influence. Mais, plus profondément, ces monstres urbains renvoient à une césure dans la conscience collective. La cité est l'endroit par excellence du progrès et – comme siège des institutions culturelles, moteur économique et porte d'entrée pour les immigrants – la principale matrice des attitudes tolérantes et cosmopolites. Or, elle représente aussi l'abandon des repères traditionnels, la désagrégation de la communauté d'origine et, dans le contexte du capitalisme, le règne de l'avidité matérialiste. Dans une opposition dont les assises sont en partie historiques et en partie imaginaires, la ville apparaît comme un espace artificiel, rempli de chimères vides et, en dernière instance, d'aliénation identitaire. Le lecteur trouvera peut-être que cette conception conservatrice et teinte de religiosité attire très peu d'adhérents dans un monde de plus en plus urbanisé et interconnecté. Toutefois, le clivage entre un foyer d'«authenticité» culturelle et la Babel du changement effréné, l'anarchie sociale et la frivolité, demeure puissant dans bien des sociétés. Les images du «pays profond», du «territoire», de l'«intérieur» peuplent encore le discours politique et sous-tendent la pensée de beaucoup de citoyens. Bien sûr, cela n'est guère étonnant d'un point de vue sociologique : la mobilité sociale, la concentration industrielle, l'innovation culturelle et le métissage ethnique sont essentiellement – quoique non exclusivement – le fait des métropoles. Quant aux «régions» – la campagne mais aussi les villes «régionales» –, elles ont souvent des raisons réelles et justes de se sentir délaissées et maltraitées par les grands centres urbains. Les hiérarchies culturelles dont j'ai parlé dans le chapitre II font également partie de l'équation : les parlers et les styles de vie associés au monde «paysan» et «provincial» sont considérés avec mépris ou dérision par les élites citadines. Ainsi, les habitants du cœur géographique des États-Unis sentent généralement que les métropoles côtières ne personnifient pas l'«âme» du peuple américain. Hollywood et Manhattan sont, pour eux, les emblèmes de la décadence et même de la négation pure et simple de la véritable «américanité». Les leaders populistes – dans la politique et dans les médias – alimentent une rhétorique qui plaide la cause de «Monsieur et Madame Tout-le-monde», cette «majorité silencieuse» qui constitue le réservoir des valeurs nationales et qui, pourtant, ne se sent plus maître chez elle.

Ici, nous observons un phénomène similaire. L'éternelle rivalité entre la ville de Québec, capitale «nationale», et Montréal, grande métropole de la province, renferme les traces de ce conflit entre un «dehors» et un «dedans» communautaire. Il a été suggéré que la population de la ville de Québec affiche «un appétit particulier pour des politiciens au "langage coloré"[15]», un trait typiquement populiste, ainsi que pour des animateurs de radio au «franc-parler» qui prennent souvent pour cible la «dictature des minorités», ainsi que toute forme de «rectitude politique». Ces figures publiques reflètent ce que l'historien Réjean Lemoine appelle «le conformisme d'une ville homogène [...], provinciale, francophone» et ce que Bernard Dagenais, professeur au Département d'information et de communication de l'Université Laval, qualifie de mentalité de «gros village[16]». À Québec, selon le sociologue Michel Lemieux, il existe un «mouvement profondément antiélitiste» qui se dresse contre la «montréalisation» de la société québécoise[17]. Je ne veux surtout pas tomber dans le piège des stéréotypes en prêtant à l'ensemble des habitants de la ville de Québec les attributs d'un «ruralisme» rétrograde. J'essaie, par contre, de souligner la présence de discours et d'attitudes qui glissent facilement vers une lecture qui fait de Montréal, *versus* Québec, le pôle de tout ce qui met en péril l'intégrité de l'identité québécoise. En effet, Montréal symbolise pour beaucoup de Franco-Québécois le risque constant de la possible *perte de soi* que j'ai déjà évoquée à plusieurs reprises dans ce livre. Si Québec projette l'image du «repli» et du «renfermement», Montréal projette l'image de l'ouverture excessive aux autres, de la complaisance et, ultimement, de l'assimilation. Le refus viscéral du bilinguisme, vu comme leurre menant inexorablement à l'anglicisation, se double parfois d'une lecture psychologisante – « le bilinguisme sapera la confiance des Québécois en eux-mêmes[18] » – et même, dans certains cas, d'un discours aux relents moralistes. Serge-André Guay, président de la Fondation littéraire Fleur de Lys, exprime ainsi sa vision de Montréal comme lieu de perdition de la « québécitude » :

> Le peuple québécois forme bel et bien une nation, au même titre que les peuples autochtones. Les Québécois montréalais ne semblent pas le comprendre. Et il est trop tard pour rectifier la situation. Seules les autres régions du Québec peuvent sauver la mise, l'identité québécoise, mais uniquement au sein de leurs propres frontières. Montréal est perdu, à moins d'une immigration massive en provenance des régions, ce que je ne conseillerais pas. Le multiculturalisme montréalais est sournois. Plusieurs jeunes des régions immigrés à Montréal y sont déjà gagnés[19].

Pour la plupart des nationalistes, Montréal constitue le champ de bataille où se joue la pérennité ou la disparition de leur identité. Le Mouvement Montréal français, par exemple, décrie le caractère « bilingue » de la grande métropole et signale sur chacune des pages de son site web que « [a]u Québec, près de 80 % des anglophones vivent dans la région de Montréal ». Le sens d'alarme et d'urgence est explicite, ainsi que la désignation de l'élément dont le risque émane. L'image conventionnelle du Québec comme un îlot de français dans l'océan de l'anglais tend à être substituée par la perception d'une menace intérieure dont la place forte se trouve à Montréal. Le contraste presque caricatural entre la mollesse du centre urbain et la résilience du pays profond se dégage nettement dans les propos du porte-parole du mouvement : « Le clivage linguistique entre Montréal et les autres régions du Québec nuit autant à l'inclusion des nouveaux arrivants qu'au droit des Québécoises et des Québécois d'assurer la survie et l'épanouissement de la culture et de la langue française[20]. »

Le point de vue mis de l'avant par ce regroupement n'est pas marginal et encore moins « extrême ». Une émission animée par Pierre Maisonneuve à Radio-Canada, dont le titre était « Montréal : la langue française menacée ? », a suscité beaucoup de réactions – souvent très émotives – chez ses auditeurs. Parmi une soixantaine de commentaires affichés sur le site web de Radio-Canada, la vaste majorité se dit d'accord avec le diagnostic d'une ville qui s'anglicise et qui s'éloigne du Québec francophone dont ils se souviennent avec nostalgie ou qu'ils souhaitent voir se bâtir à la faveur de l'affirmation nationale. Il est intéressant de noter dans le discours de certains la confusion entre les diverses sphères de la vie sociale : ils ne semblent pas réaliser que la langue dans laquelle se déroule une conversation, même dans l'espace public ou au sein d'une institution, demeure toujours un choix personnel. En effet, les droits et les obligations juridiques sur le plan linguistique ne s'appliquent qu'aux communications *de nature publique*. Dans les écoles montréalaises de langue française qui accueillent des enfants issus de l'immigration, il est usuel d'inscrire dans le règlement que les élèves doivent parler le français en tout temps. Or, cette pratique – que les uns justifient et les autres considèrent abusive – est en vigueur dans la mesure où les enfants sont sous la responsabilité de leurs enseignants, ce qui inclut les périodes de récréation prévues dans l'horaire scolaire mais non pas, par exemple, les activités du service de garde ou les interactions en dehors des lieux et des périodes désignés. Il serait absurde de prétendre autre chose. Pourtant, chaque acte de parole à Montréal qui délaisse le français devient, aux yeux de plusieurs Franco-Québécois, un geste de désaveu, voire d'hostilité envers la langue majoritaire. Voici quelques extraits qui illustrent la teneur des messages envoyés[21] :

> Juste à prendre une marche dans le centre-ville et plus de la moitié des conversations sont en anglais.

> Chaque fois que je viens à Montréal je constate que de plus en plus l'anglais est omniprésent et j'ai peine à me sentir chez moi dans ma ville natale.

On m'accueille et on me répond presque toujours en anglais à Montréal. Lorsque j'exige d'être servie en français, on lève les yeux au ciel comme si j'étais une moins que rien.

Notre gouvernement va autoriser l'enseignement de l'anglais au primaire et les parents sont tout heureux.

Les jeunes vont bel et bien à l'école française. PAR OBLIGATION. Tendez l'oreille comme je l'ai fait dans la cour d'école et écoutez quelle langue ils parlent à la récréation.

Bref, Montréal est à la fois sale et charmante, laide et effervescente. Chaque Québécois a son opinion à l'égard des qualités et des défauts de cette ville de près de deux millions d'habitants (plus de trois millions et demi si l'on inclut les banlieues). Tantôt elle est classée parmi les métropoles les plus créatives du monde, tantôt l'on souligne le manque criant d'un plan compréhensif de développement urbain et l'état affreux de ses infrastructures. Mais le point sur lequel les esprits deviennent le plus passionnels est celui des tensions identitaires. Je n'ai pas besoin de remarquer que Montréal n'est pas l'équivalent canadien de Belfast ou de Beyrouth, avec leurs enceintes ethnoreligieuses, non plus que de Détroit ou de São Paulo, avec leurs ghettos socioéconomiques et raciaux. Montréal possède cependant une géographie balisée par des frontières et des points de contact entre les langues et les cultures. En fait, c'est à Montréal que le Québec et le Canada s'entremêlent, s'affrontent et se rejettent mutuellement. La composante linguistique du problème est certes centrale. Il serait pourtant naïf d'y voir une simple question de démographie (combien de gens parlent chaque langue?), de législation (faut-il renforcer ou adoucir la Charte de la langue française?) ou de courtoisie interpersonnelle (les commerçants devraient-ils reconnaître davantage la primauté du français dans les affaires?). Tous ces aspects sont importants et méritent l'attention des spécialistes et des politiciens. Mais le débat au sujet de la place de Montréal dans le

Québec renvoie à des enjeux qui sont socialement plus fondamentaux et, en même temps, plus proches du vécu quotidien des «gens ordinaires».

De l'est à l'ouest de l'île

Il y a quelques années, je me trouvais dans une salle de cours de l'université en train d'expliquer à mes étudiants l'importance d'expérimenter, ne serait-ce que de manière fugace, la sensation d'être un étranger dans notre propre société. Comme je le fais toujours dans mes cours sur les méthodes de recherche, je leur disais qu'un sociologue doit toujours tenter de regarder la réalité sociale – autant la sienne que celles des autres – comme le ferait un visiteur curieux et sans idées préconçues (parfois, pour mettre de l'emphase, j'utilise l'image d'un Martien qui descend sur la Terre ou encore celle de l'enfant qui s'étonne sans cesse et qui passe son temps à demander «pourquoi» au sujet des choses qui, pour les adultes, vont de soi). En effet, le sociologue vise avant tout à dévoiler les mécanismes sous-jacents qui organisent la vie sociale. Ces mécanismes sont devenus tellement «évidents» et «naturels» pour nous que leur logique et leur fonctionnement ont été, en quelque sorte, «invisibilisés». Ils régulent des choses aussi triviales que le minimum de distance physique que nous considérons acceptable quand quelqu'un s'approche de nous dans la rue, mais ils ont également un effet déterminant sur nos pensées et nos croyances les plus fondamentales (à travers les «récits idéologiques» dont j'ai parlé dans le chapitre III). Or, je dis à mes étudiants, qu'avant de pouvoir être un touriste chez soi, il faut entraîner l'œil et développer une capacité d'observation qui nous permette d'aller au-delà des apparences. Pour cela, il n'y a pas d'autre moyen que de prendre un bain d'«étrangéité». «Allez quelque part, leur ai-je conseillé, où vous vous sentirez suffisamment dépaysés et relativement ignorant des codes sociaux, mais pas au point d'être complètement coupés de l'environnement (car l'étrangéité totale annule toute possibilité de compréhension). Bref, immergez-vous dans un monde social qui vous permette de saisir combien le comportement des autres est différent (ou "fou", comme dirait Obélix), parce que c'est ainsi que vous verrez combien votre comportement est également "différent" aux yeux des autres. » J'ai alors posé au groupe la question suivante : « Où iriez-vous pour réaliser cette expérience, un endroit où vous n'êtes jamais allé et qui représente, pour vous, le prototype d'une *étrange familiarité* ». Une étudiante a aussitôt levé la main : « J'irais à Westmount. » J'ai tardé à réagir. Elle avait l'air très sérieuse. J'ai alors compris que ce n'était pas une blague.

Pour les immigrants de « classe moyenne », Westmount est un quartier – techniquement une municipalité avant la fusion de 2002 et après la « défusion » de 2006 – peut-être désirable, mais généralement inabordable : le prix moyen des maisons et le revenu moyen des foyers sont parmi les plus élevés à Montréal. La plupart des Néo-Québécois vont tout simplement se diriger vers d'autres parties de la ville, sans plus y penser. Certes, il existe des « quartiers riches » dans toutes les grandes villes du monde. En ce sens, comme Lawrence Park ou Forest Hill à Toronto, le nom « Westmount » sert de raccourci sémantique quand on veut faire allusion au pinacle de l'échelle sociale. Mais pour les Franco-Québécois le mot est chargé d'un sens beaucoup plus profond. « Westmount » veut dire enclave opulente et anglophone : « Quand il y a "Westmount" dans le nom d'une école, on s'attend à y rencontrer de beaux enfants blancs, blonds et riches, comme dans une pub de Ralph Lauren[22]. » Le célèbre Manifeste du Front de Libération du Québec en faisait, en 1970, le symbole ultime de l'oppression nationale : « Nous sommes de plus en plus nombreux à connaître et à subir cette société terroriste et le jour s'en vient où tous les Westmount du Québec disparaîtront de la carte. »

Même si la vaste majorité de la population de Westmount n'habite pas dans des *mansions* luxueuses (en fait, « 55 % des habitations de Westmount sont locatives[23] » et « 15 % de sa population vit sous le seuil de la pauvreté[24] »), la perception que les Montréalais ont du quartier est intimement liée aux grandes fortunes du haut de la « montagne ». Il y a quelques années, Nathalie Petrowski écrivait dans *La Presse* une chronique intitulée « Les riches » dans laquelle elle s'affairait à décrire ce sommet de la somptuosité qu'est Summit Circle. Selon Mme Petrowski, dans ces « hauteurs privilégiées », « on compte en moyenne deux Mercedes flanquées d'un Jeep ou d'une voiture familiale » devant chaque demeure et l'on rivalise pour avoir « le plus beau jardin paysager, les plus gros lions en marbre, les plus hautes colonnes, le plus grand nombre de lustres et de portes de garage, le plus puissant système de sécurité ». Pour compléter le portrait de cette *étrange familiarité*, Mme Petrowski apportait une information qui soulignait – mais peut-être n'était-ce pas l'intention de l'auteure – la distance identitaire de cet univers par rapport au Québécois ordinaire, soit « vous et moi ». En effet, on ne peut pas s'empêcher de remarquer l'absence flagrante de la « souche » canadienne-française : « J'avais en main la liste de noms des rois de la montagne : Elaine Gregory, Gabriel Azzouz, Pardaman Kaur-Chhatwal, Zabel Khatchadourian, Gabriel Malka, Marvin Epstein, Sandra Kotler, Nash Sidky. Vous ne les connaissez pas. Moi non plus. Personne ne les connaît en fait. Ils ne sont pas seulement riches. Ils sont aussi extraordinairement discrets[25]. »

Westmount demeure toujours l'emblème de la richesse anglophone emmurée au cœur de la métropole québécoise mais, depuis quelques années, les Montréalais ont commencé à percevoir l'émergence d'une sorte de territoire plus vaste et mieux articulé qui s'affirme devant la majorité francophone. La discrétion et l'indifférence hautaine des « Anglos » du sommet de la montagne correspondent à une période où leur domination culturelle et économique n'était pas menacée. La loi 101, le référendum de 1995 et la fusion municipale de 2002, entre autres, ont provoqué des réactions de plus en plus intenses de la part d'une population qui se sent assiégée par la montée du nationalisme québécois. Les municipalités où se concentrent les anglophones ont adopté une attitude défensive sur le plan linguistique et plusieurs citoyens sont devenus actifs en politique (afin de contester l'affaiblissement du statut légal de l'anglais ou de proposer l'idée d'une «partition» du Québec dans l'éventualité de son indépendance du Canada). Cette dynamique de résistance les a paradoxalement amenés à développer une conscience «anglo-québécoise», celle d'une minorité avec des racines historiques et des attaches affectives au Québec – et au Canada – et qui possède une identité distinctive. Quand la minorité anglo-québécoise se mobilise dans le but de faire reconnaître ses droits collectifs, elle se manifeste en tant que composante de la société québécoise. Pourtant, quand les citoyens de Mont-Royal, Côte-Saint-Luc, Baie-d'Urfé, Hampstead et Kirkland ont massivement voté contre leur incorporation dans la nouvelle agglomération urbaine, les francophones ont lu dans ce geste un refus d'intégration. Bien que beaucoup de Montréalais anglophones trouveront injuste l'opinion formulée par Jean-Robert Sansfaçon, rédacteur en chef du *Devoir*, celle-ci reflète un sentiment très répandu: «Pour eux, le nom de Montréal était synonyme de dépossession, d'assimilation au grand chaos français. Ils ne partent pas, ils seront là, juste à côté, mais plus isolés que jamais du reste du Québec. Le matin, ils viendront travailler à Montréal, et, le soir, ils retourneront chez eux, qui n'est pas Montréal mais quelque banlieue reliée par un fil imaginaire à Toronto ou Vancouver[26].» Une large partie de ces anglophones qui, selon Sansfaçon s'isolent du reste de la population montréalaise, ont pourtant embrassé depuis plusieurs années la société dans laquelle ils choisissent de vivre. Un lecteur de *The Montreal Gazette* exprime, avec ironie mais évidente sincérité, son attachement au Québec: «Les Anglos, nous nous comportons mieux. Nous avons appris nos leçons et nous savons quelle est notre place. Et nous adorons être ici[27].»

Ottawa est la capitale d'un pays formellement bilingue, mais l'anglais y prédomine sans conteste. Les «deux solitudes» coexistent au Canada mais ce n'est qu'à Montréal qu'elles *se touchent* véritablement. En dehors du fait que la dualité linguistique montréalaise est vue comme un danger par les uns et comme un atout par les autres, il est nécessaire de tenir compte de l'évolution sociologique de la minorité de langue anglaise. En effet, les 760 000 «Anglos» du Québec (le gouvernement du Québec les chiffre à un peu moins de 600 000) sont loin de constituer un groupe WASP homogène, comme le veut le stéréotype. D'une part, seulement le tiers d'entre eux est d'origine exclusivement britannique (un autre tiers est d'origine italienne, alors que le reste est principalement issu des autres minorités «historiques»: les Grecs, les juifs, les Chinois et les Portugais). D'autre part, plus de 65% des Anglo-Québécois parlent couramment le français. Ce changement profond par rapport à l'attitude de repli d'autrefois s'exprime d'ailleurs dans le fait que, actuellement, «quelque 18% des enfants de langue maternelle anglaise fréquentent l'école française et environ 30% suivent des cours d'immersion en français[28]». Il va de soi que certains Québécois resteront froids devant cette mutation qui, à leurs yeux, ne modifie nullement l'enjeu de base. Il me semble pourtant évident que la reconnaissance de la nouvelle donne devrait du moins nous pousser à repenser le statut d'une minorité qui, même si de façon partielle et hésitante, a assumé son appartenance à la société québécoise. Il faut également rappeler, puisque cela est trop souvent passé sous silence, que la communauté anglophone détient des droits collectifs reconnus autant par la constitution canadienne que par la législation québécoise. La Charte de la langue française inclut plusieurs clauses de protection de la langue de cette minorité, notamment en matière de justice, d'éducation, d'accès aux services sociaux et de santé et de communication avec l'administration publique. Attention: ces droits ne sont pas des simples énoncés de bonne volonté ou des mesures charitables à l'égard d'un groupe qui aurait besoin de l'État pour faire respecter et voir s'épanouir sa culture. Ces droits viennent encadrer et promouvoir une réalité institutionnelle et économique extrêmement vigoureuse dont l'épicentre est à Montréal: des mass media et des universités de langue anglaise, par exemple, occupent une place primordiale dans l'espace public québécois. Mais est-il nécessaire de signaler que le fait que la communauté anglophone fasse preuve de prospérité et de dynamisme n'affecte en rien ses droits comme minorité constitutive de la société québécoise?

Où vivent les anglophones? Une règle fort simple a longtemps servi de repère de la géographie linguistique de Montréal : à l'est les francophones, à l'ouest les anglophones. La rue Saint-Laurent – la « Main » – a historiquement tracé la frontière entre les deux mondes. Dans son *Histoire de Montréal depuis la Confédération*, l'historien Paul-André Linteau réfère à cette scission de la ville : au XIXe siècle, les Anglais et les Écossais dominaient dans l'ouest et les Canadiens français dans l'est[29]. Selon la romancière Marie-Claire Blais, les deux communautés ont bâti un tissu urbain à leur image. Dans la revue *Écrits du Canada français*, elle décrit le contraste : « Ainsi, quelle opposition marquée entre l'est de Montréal, son peuple simple et détendu, et l'ouest plus sophistiqué et rigoureux. [...] On sera un habitué de la rue Crescent, par exemple, pour découvrir au bout de six mois qu'on connaît encore très peu les innovations. Telle la rue Saint-Denis qui en est pourtant l'antithèse spontanée et bohème[30]. »

Ce regard quelque peu naïf et suranné – même en 1978, quand ces lignes ont été rédigées – témoigne de la persistance des préjugés, même s'ils se veulent positifs et valorisants. Bien qu'aujourd'hui la carte linguistique de la ville soit beaucoup moins précise (de plus en plus de familles francophones élisent domicile à Westmount!), l'imaginaire de l'opposition est-ouest demeure vivant. Il y a seulement quelques années, un juge se servait encore de la rue-frontière pour démarquer deux zones urbaines, cela dans le but d'éviter un contact explosif entre deux univers culturels. À la surprise de ceux qui circulaient quotidiennement entre les divers quartiers de Montréal, on apprenait qu'un groupuscule de militants nationalistes devait s'abstenir de pénétrer en territoire anglophone : « Quatre des sept hommes accusés relativement aux actes de vandalisme commis, lundi, contre l'ancien hôtel de ville de Baie-d'Urfé ont été libérés sous certaines conditions, en attendant leur prochaine comparution. [...] Il leur est interdit de se trouver à l'ouest du boulevard Saint-Laurent» (Radio-Canada, 28 octobre 2003).

En obligeant ces individus à rester de leur «bord» de la ville, le tribunal confortait une vision dichotomique qui ne correspond plus à la réalité du Montréal contemporain. Bien que, dans ses traits généraux, le profil spatial des principaux groupements linguistiques présente, effectivement, les traces d'une distribution est-ouest, la structure démographique ne se réduit pas à cette opposition. Dans un tel contexte, les communautés «ethniques» viennent complexifier le paysage urbain. Comme l'explique Annick Germain, professeure à l'INRS-Urbanisation, les immigrants se sont concentrés dans les quartiers entourant le centre-ville, avec la rue Saint-Laurent comme colonne vertébrale (bien qu'avec une tendance à se déplacer vers l'ouest et vers le nord, dans les arrondissements de Côte-des-Neiges-Notre-Dame-de-Grâce, Villeray-Saint-Michel-Parc Extension, Ville-Marie, Saint-Laurent et Ahuntsic-Cartierville). Le noyau central de Montréal demeure un lieu de prédilection pour les immigrants récents, mais d'autres quartiers les attirent également. Mme Germain dresse ce tableau: «Aujourd'hui, l'établissement des nouveaux arrivants se fait dans une diversité de territoires. Les secteurs centraux entourant le centre-ville restent certes des zones d'accueil importantes, mais d'autres zones de transition se développent en périphérie[31].»

Il est important de comprendre que Montréal a connu une dynamique différente de celle qui est courante dans d'autres grands pôles récepteurs d'immigration. D'une part, les nouveaux arrivants ne se sont pas concentrés dans des banlieues périphériques, ce qui aurait créé un effet de «suburbanisation» des groupes ethniques similaire à ce que l'on observe, par exemple, à Toronto ou à Paris. D'autre part, les immigrants n'ont pas non plus investi des secteurs centraux que les résidants auraient préalablement délaissés, comme c'est le cas des quartiers de l'*inner city* dans plusieurs villes des États-Unis. En ce sens, les immigrants ont contribué à la densification et à la diversification d'un espace urbain qui était déjà socialement structuré. Les deux bouts de l'île demeurent relativement inchangés en ce qui concerne l'identité ethnolinguistique des habitants, mais il devient de plus en plus difficile d'identifier des endroits, surtout autour du cœur de la ville, où le métissage démographique serait complètement absent. Affirmer que le visage de Montréal est en train d'être fondamentalement redessiné par les Néo-Québécois n'est pas le moindrement exagéré. Danielle Dorval, de la Direction de santé publique de Montréal, présente un portrait statistique de la « mosaïque culturelle » montréalaise :

En 2001, on dénombre à Montréal près de 500 000 personnes nées à l'extérieur du Canada. Depuis les 20 dernières années, l'importance relative des immigrants est passée de 21 % à 28 %. Les principaux pays d'origine des immigrants vivant à Montréal sont l'Italie (12 %), Haïti (7 %), la France (5 %), le Liban, le Viêt Nam et la Chine (4 %). Cette répartition reflète les diverses vagues d'immigration historiques mais ne correspond plus aux régions d'origine des immigrants récents. Parmi les 500 000 immigrants résidants à Montréal en 2001, plus de 100 000 sont arrivés depuis 1996. Les 5 pays qui ont contribué le plus à cette immigration récente sont l'Algérie (9 %), la Chine (8 %), la France (7 %), Haïti (5 %) et le Maroc (5 %)[32].

Au-delà des statistiques, le processus d'« hétérogénéisation » de Montréal n'est pas du tout facile à saisir. De qui parlons-nous au juste ? Le terme « ethnique » n'est pas toujours acceptable et peut susciter de légitimes inquiétudes au sujet de la manière dont on conçoit l'identité collective. On sait bien, en effet, que l'« ethnique » est toujours l'« Autre » désigné par celui qui s'identifie à la culture dominante (la cuisine « ethnique » est ainsi la cuisine d'ailleurs, exotique, etc.). La reconnaissance de l'altérité est toujours problématique : je veux être considéré comme un citoyen égal et à part entière, au même titre que les natifs, mais je tiens aussi à ce que l'on considère mon identité particulière, ma « différence ». Je ne tolère pas que l'on parle de moi comme si je n'étais pas un «vrai Québécois», mais j'exige que l'on m'accommode en raison de mes croyances religieuses ou de mes sensibilités culturelles. Ces demandes contradictoires amènent certains à abjurer toute «dérive multiculturaliste» qui encouragerait les gens à relativiser et, en dernière instance, à affaiblir la citoyenneté commune. Cet argument est, sans doute, valable. Mais la position alternative est également convaincante, comme nous l'avons vu dans le cadre du débat sur les «accommodements raisonnables»: en refusant de reconnaître la spécificité de l'autre, nous ne faisons que reconduire les principes qui sont à la base de l'inégalité. Au Québec, l'exemple de l'équité salariale est extrêmement éloquent à cet effet: si l'on ne prend pas de mesures qui tiennent directement et explicitement compte du statut subordonné des femmes sur le marché du travail, le système ne se corrigera jamais de lui-même. Les critères discriminatoires sont intégrés dans les institutions et dans les pratiques qui valorisent certaines tâches et compétences (plus masculines) et en dévalorisent d'autres (plus féminines). Dans le cas des minorités dites «visibles» (non blanches), le blocage se pose souvent dans les mêmes termes. Elles connaissent un taux de chômage deux fois plus élevé (environ 15 %) que celui de l'ensemble de la population et ce n'est pas qu'une question de manque de diplôme ou d'expérience professionnelle non reconnue: 13 % des Montréalais avouent «qu'ils n'engageraient pas ou probablement pas une personne noire ou de couleur[33]». Il ne faut pas nécessairement parler de racisme au sens fort du terme, mais tous les actes de discrimination, même dans ses expressions les plus banales (et parfois bien intentionnées), finissent par faire du mal. J'ai trouvé un exemple particulièrement éclairant sur la façon dont la «racialisation» – une classification des groupes humains selon une idée déterminée de ce qui est «normal» et de ce qui s'en écarte – s'avère souvent le résultat d'une myriade de petits gestes qui, pris séparément, ne semblent pas tellement graves: «Pourquoi un agent de police blanc ne demande jamais à une personne blanche: "D'où venez-vous, de quelle île êtes-vous originaire ?" Pourquoi demandent-ils toujours ça aux Noirs ? On m'a posé cette question toute ma maudite vie et j'ai 72 ans. De quelle île suis-je originaire ? Je suis de l'île de Montréal[34] ! »

Les « ethniques » et nous autres

Voyons quelques façons possibles de nommer la différence sans employer le mot « ethnique » :

Les immigrants : le terme est facile à appliquer, car on peut tout simplement le faire équivaloir à « personne née à l'étranger » (en France, on les appelle les « immigrés », ce qui à mon avis comporte une connotation moins positive, car la condition d'étranger reste figée, tandis que le participe présent évoque la transition).

Les Québécois issus de l'immigration : une expression plus « politiquement correcte » qui permet d'inclure la deuxième génération, c'est-à-dire les enfants de ceux qui sont nés à l'étranger. Les autochtones pourront toutefois signaler, avec raison, que les colons français et anglais étaient, eux aussi, des « immigrants ». Dans cette perspective, tous les Québécois, sauf les premiers habitants, seraient « issus de l'immigration ».

Les Néo-Québécois : ce mot, préféré par ceux qui mettent l'accent sur l'inclusion citoyenne, laisse entendre que la différence entre les « nouveaux » et les « anciens » est une simple question de temporalité.

Les minorités : l'idée de base est assez judicieuse : un groupe qui est quantitativement minoritaire requiert une protection face à la majorité, notamment dans une démocratie où règne la loi du nombre.

Les communautés culturelles : le terme choisi par le gouvernement du Québec met l'accent sur la dimension culturelle, ce qui est compatible avec la vision d'une « culture de tradition française qui joue le rôle de foyer de convergence » pour les autres héritages.

Les allophones : les démographes et les sondeurs d'opinion utilisent habituellement ce terme, car il est facile à appliquer objectivement dans leurs études et sert de repère pour estimer le poids des « ethniques ».

Chacun de ces termes renvoie à un aspect important de la réalité « ethnique », mais aucun d'entre eux ne permet de cerner la totalité du phénomène. Un immigrant blanc et germanophone aura moins de risques d'être l'objet d'un geste de discrimination – positive ou négative – que le fils né au Québec d'un immigrant vietnamien, qu'un immigrant francophone du Maroc ou qu'un homme noir dont les ancêtres se sont établis à Montréal au XVIIIᵉ siècle. Ce n'est donc pas qu'une question de temps, de langue ou d'origine. Les minorités « visibles » sont généralement vues comme les plus vulnérables au racisme, mais d'autres catégories peuvent aussi être la cible d'attitudes intolérantes (par exemple, une personne blanche de religion musulmane ou qui parle le français avec un accent étranger). La manière la plus logique – mais la moins « politiquement correcte » – de procéder est de saisir cette population par la négative : ils ne sont pas des Québécois « de souche », autrement dit, leur identité ne se définit pas principalement par la filiation canadienne-française. Ils peuvent se considérer Québécois, parler le français et voter pour la souveraineté, mais ils ne s'autoreprésentent pas comme les descendants de ceux qui ont originellement bâti la nation québécoise. Vous direz que cette approche met les « ethniques » et les anglophones dans le même sac. Effectivement, mais la majorité des Anglo-Québécois ne se considèrent pas anglo-saxons. Ceux qui s'autoreprésentent toujours comme les descendants des Britanniques qui ont fondé les communautés anglaises du Québec s'excluront eux-mêmes de la définition. Avec cet exercice intellectuel, je ne cherche pas à régler un problème politique ou sociologique mais à montrer, une fois de plus, que dire « nous » au Québec comporte toujours des risques. Il est intéressant de noter que beaucoup de personnes se disent d'abord Montréalais. Un enfant d'immigrants s'exprime ainsi : « Moi, je me sens indien, je mange à l'indienne, mes valeurs sont davantage indiennes, notamment lorsqu'il est question de la famille. Mais quand je voyage, et je voyage beaucoup, je me sens Canadien. [...] Dans ma tête, un Québécois est plutôt un francophone, à la peau blanche. Je ne me vois pas vraiment comme un Québécois, mais je me vois comme un Montréalais. Ma ville, c'est Montréal, et de loin[35]. » Ce jeune appartient pourtant à ce que l'on appelle les « enfants de la loi 101 », c'est-à-dire la génération qui a dû fréquenter l'école française en raison de la Charte de la langue française et qui, à l'âge adulte, a les outils linguistiques pour s'intégrer à la majorité francophone. Ce groupe attire l'attention de tous ceux qui s'interrogent sur l'avenir de l'identité québécoise. Ces enfants « ethniques » – dont les parents auraient massivement préféré l'école anglaise si le choix leur avait été offert – parlent comme des Franco-Québécois et devraient, normalement, suivre les mêmes grands courants de la société, notamment en ce qui concerne le penchant nationaliste. L'école française a-t-elle réussi à faire de ces enfants issus de l'immigration de « vrais » Québécois ? Il est évident que le jeune que je viens de citer n'a pas été « gagné » à la québécitude. Toutefois, certaines études montrent que les jeunes donnent un appui plus marqué au projet souverainiste que les plus âgés et que, chez les Néo-Québécois, on observe une tendance similaire. Les sociologues Gilles Gagné et Simon Langlois constatent que l'option du OUI fait une percée notable chez les jeunes allophones du Québec : « [L]e niveau d'appui à la souveraineté s'établit alors à 23 %, et monte à 27 % dans le sous-groupe (77 %) de ceux qui sont actifs sur le marché du travail[36]. » Les souverainistes fondent leur espoir sur cette nouvelle génération qui est réceptive aux éléments progressistes du discours nationaliste : critique de la mondialisation néolibérale, opposition à la politique étrangère des États-Unis, lutte contre les inégalités sociales et soutien aux initiatives de protection de l'environnement. En soi, le fait qu'environ un quart des « enfants de la loi 101 » se disent favorables à l'indépendance du Québec est assez frappant. Je crois que ce phénomène est une preuve supplémentaire de l'ampleur et de la qualité du débat politique au Québec, ainsi que de la mutation du « nous » au nom duquel le projet nationaliste est mis de l'avant. Il serait pourtant hâtif de croire que ces hommes et ces femmes issus de l'immigration, même s'ils sont pleinement intégrés à la société québécoise, sont prêts à faire tout le chemin. L'option souverainiste, dans le cadre d'un sondage d'opinion, peut exprimer tout simplement un désir de changement ou un message de protestation qui ne se traduira pas nécessairement par un vote le jour du prochain référendum. N'oublions pas la vaste mobilisation des communautés minoritaires contre le OUI en 1995. Par ailleurs, il faut se rappeler que le propre des nouvelles générations est justement la fluidité et la multiplicité des identités. Ces jeunes se sentent Québécois, mais ils s'identifient souvent aussi au Canada et à leur nationalité d'origine. L'identité québécoise est devenue la leur et cela est déjà remarquable, mais je suis loin d'être sûr que celle-ci soit chez eux l'identité dominante et encore moins exclusive. En fait, on pourrait dire qu'ils sont typiquement Québécois en ce qu'ils participent au jeu identitaire qui caractérise leur société, avec les ambiguïtés, les bricolages et les fluctuations que cela implique.

J'ai déjà fait référence, dans le chapitre premier, à la désillusion de certains immigrants face à la réalité québécoise. Le Québec ressemble trop à ce qu'ils ont laissé derrière ou, en tout cas, ne correspond pas tout à fait à l'image idéalisée qu'ils se font du « Nord ». Mais si une partie des nouveaux arrivés sont dégoûtés par ce qu'ils voient comme de la politicaillerie – ils désirent qu'on les laisse vivre tranquilles et adhèrent à l'attitude méfiante face au gouvernement typique du monde anglo-saxon –, d'autres se montrent ouverts à un langage politique qu'ils reconnaissent et acceptent. Les Latino-Américains, par exemple, comprennent bien l'idée d'un État fort qui représente la volonté collective et qui prend les moyens pour agir en conséquence. Le modèle «Québec Inc.» – une alliance entre le public et le privé, un projet de développement soutenu par un ensemble d'acteurs sociaux – est perçu par bien des Nord-Américains comme une sorte d'étatisme corporatiste, avec tout le sens péjoratif de ces deux termes. En revanche, la majorité des Latino-Américains – et je dirais aussi la majorité des immigrants du «tiers-monde» – sont en mesure d'appréhender ce modèle et, même s'ils ne sont pas d'accord, d'en voir la légitimité. Les penchants «social-démocrate» et «syndicaliste» du Québec, tant décriés par les néolibéraux et si fortement revendiqués par les partis souverainistes, sont pourtant des éléments attirants pour bien des Néo-Québécois. Enfin, comme je l'ai mentionné, la position très critique des politiciens souverainistes à l'égard des néoconservateurs de Washington est généralement approuvée par ceux qui ont connu les méfaits de l'impérialisme étasunien dans la région du monde dont ils sont originaires. Bref, le Québec, une société hautement politisée et constamment traversée par des questionnements et des affrontements au sujet du «vivre ensemble», peut avoir deux effets opposés sur l'immigrant : soit il déplore l'incertitude politique et l'activisme avéré de l'État québécois (et de la société civile québécoise), soit il embrasse le grand débat d'idées qui en découle.

Il serait peut-être excessif de dire que les Québécois et les Néo-Québécois cohabitent en harmonie, mais il faut souligner que les tensions identitaires donnent rarement lieu à des événements déplorables. Bien que l'on recense des incidents racistes et xénophobes violents à Montréal, ils ne sont pas monnaie courante. Chacun d'entre eux reçoit une attention marquée et immédiate des autorités et de l'opinion publique. Ainsi, après l'attentat à la bombe incendiaire contre une école juive en septembre 2006, le président de la Société Saint-Jean-Baptiste a déclaré que les auteurs du crime «ne trouveront dans la société québécoise ni complaisance, ni indifférence, mais la plus totale réprobation». Quand l'école Les Jeunes Musulmans de Montréal a été vandalisée en janvier 2007 (plusieurs vitres ont été délibérément cassées), l'organisation B'nai Brith Canada a immédiatement qualifié l'acte de «délit terrible». La Commission scolaire English-Montréal l'a elle aussi «dénoncé vivement» et a appelé les autorités à arrêter les coupables. Cela ne veut pas dire pour autant que les méprises et les discordes interculturelles soient absentes de la vie quotidienne. Certains cas où les Québécois et les Néo-Québécois se sont affrontés sont même devenus des causes célèbres. Par exemple, la question du port du kirpan à l'école a suscité un immense débat collectif et a forcé l'ensemble de la société québécoise à s'interroger sur les rapports entre les natifs et les nouveaux arrivants. En 2001, le jeune sikh orthodoxe Gurbaj Singh Multani fréquentait une école publique française à Montréal. Les sikhs orthodoxes (on estime qu'ils représentent environ 10% de la population sikhe du Canada) considèrent que leur religion les oblige à porter en tout temps un petit poignard cérémoniel. Or, un groupe de parents, se disant inquiets pour la sécurité de leurs enfants, ont demandé à la Commission scolaire d'appliquer sa politique de «tolérance zéro» en matière d'armes à l'école. Leur argument: «Si, pour les sikhs, le kirpan n'est qu'un symbole religieux, pour nombre de Québécois de souche, c'est un couteau, et rien d'autre. Et qui dit couteau dit danger potentiel[37].» Après une longue démarche judiciaire, l'enfant a obtenu le droit de porter le kirpan à la condition qu'il soit enveloppé dans un tissu solide et caché sous les vêtements. Le juge Claude Tellier de la Cour supérieure a déclaré: «... depuis 100 ans, aucun cas de violence relié au port du kirpan n'a été rapporté. En outre, dans un milieu scolaire, il y a normalement toutes sortes d'instruments qui peuvent devenir une arme et qui peuvent servir à un événement violent: compas, matériel à dessin, articles de sport, tel que bâton de baseball, etc.[38].»

Or, entre-temps, les parents du jeune sikh ont décidé de l'envoyer à une école privée anglaise non subventionnée par le gouvernement afin de tout simplement échapper à l'emprise du règlement scolaire. Plusieurs ont vu dans cette histoire la synthèse d'une bataille fondamentale : celle qui oppose les minorités et la majorité. Qui doit s'adapter ? Que veut dire la tolérance ? Quelle est la place de la religion dans les institutions publiques ? Ce ne sont pas des questions faciles et les personnes impliquées dans ce type de discussions ont souvent de la difficulté à voir les choses du point de vue de l'autre. Comme nous l'avons vu dans le chapitre iii, l'argument de la laïcité est généralement évoqué pour refuser l'octroi de « droits particularistes » aux minorités (par exemple, les étudiants musulmans qui ont demandé l'aménagement de lieux de prière dans les universités montréalaises ont essuyé, dans un premier temps, un refus ferme de la part des institutions et de l'opinion publique). Mais si le milieu de l'éducation doit être absolument laïque, les « minoritaires » se demandent alors pourquoi Noël et Pâques sont tellement présents, avec leurs symboles et traditions. Quand le père Noël est venu à l'école (publique) de ma fille promettre des cadeaux à tous les enfants sages de l'école, les quelques parents non chrétiens ont dû expliquer à leurs enfants pourquoi ils seraient les seuls à ne pas en recevoir à la maison. Peu de Québécois savent que, au Conseil municipal de la ville de Laval (une banlieue de Montréal qui, avec plus de 370 000 habitants, constitue la deuxième municipalité la plus large du Québec), toutes les réunions publiques commençaient par une prière religieuse (durant laquelle toutes les personnes présentes, y compris les invités et les visiteurs, devaient se mettre debout). Cette pratique n'a cessé qu'en 2006, lorsque la Commission des droits humains du Québec a donné raison à une citoyenne qui avait porté plainte cinq ans auparavant. La ville de Montréal a abandonné la prière inaugurale en 1986, mais environ 400 villes québécoises recourent encore durant l'ouverture des sessions de leur conseil municipal[39]. J'ai échangé sur ce thème avec des amis québécois « de souche » qui m'ont assuré que ces traditions ont perdu toute signification religieuse et qu'elles font partie de la « culture québécoise » à laquelle les Néo-Québécois devraient s'intégrer.

Or, le « devoir d'intégration » de la part des immigrants envers la majorité est indissociablement lié, dans une société démocratique et ouverte, à la responsabilité de protection que la majorité assume à l'égard des minorités. D'un point de vue sociologique, un groupe constitue une minorité quand ses membres possèdent une identité socialement infériorisée ou dévalorisée[40]. La notion de minorité réfère toujours à une situation de désavantage relatif, qu'il soit démographique, politique, économique ou culturel. Typiquement, une minorité est un groupe «ethnique» ou religieux qui vit au milieu d'un groupe plus nombreux et qui est l'objet de discrimination, d'exclusion, d'oppression ou de persécution. Ses membres partagent un certain nombre de traits subjectifs (conscience de soi, sentiment d'appartenance, système de croyances, etc.) ou objectifs (nom, langue, apparence physique, code vestimentaire, etc.) qui les distinguent de la majorité nationale. Cependant, dans certains cas, c'est la majorité qui est perçue et traitée comme inférieure par rapport à une norme dominante (par exemple, les Noirs en Afrique du Sud durant la période de l'apartheid ou les communautés indigènes dans plusieurs pays de l'Amérique latine). Bien des Franco-Québécois considèrent – avec des preuves à l'appui – qu'ils ont été historiquement «minorisés» par les anglophones, même si ces derniers étaient beaucoup moins nombreux. Puisque les minorités sont, par définition, plus vulnérables aux attitudes racistes ou xénophobes, la plupart des sociétés démocratiques ont adopté des lois visant spécifiquement à les protéger. Beaucoup d'entre elles ont développé des politiques d'aide aux membres des minorités, ainsi que des programmes d'éducation et des campagnes de sensibilisation pour combattre les préjugés et l'intolérance auprès de la population. Certains pays ont introduit des mesures fondées sur le principe de la «discrimination positive» (connue aux États-Unis comme *affirmative action*), dont le but est de contrecarrer les mécanismes de discrimination systémique et de résorber les pratiques racistes (ou sexistes) dans les institutions. Ces mesures de traitement préférentiel nécessitent la définition d'un groupe-cible, généralement une minorité sous-représentée (proportionnellement à la population totale) dans la fonction publique, le marché du travail ou les universités. Les gouvernements et les divers organismes concernés doivent alors se donner des critères formels pour identifier les bénéficiaires potentiels.

Au Canada, il est intéressant d'observer que, juridiquement, on distingue deux grandes catégories ethnoculturelles en vertu de la Loi sur l'équité en matière d'emploi de 1996 : (a) « personne autochtone » (« une personne issue du groupe des Indiens de l'Amérique du Nord ou d'une Première Nation, ou du groupe des Métis ou des Inuits ») ; (b) « membre d'une minorité visible » (« toute personne, exception faite des personnes autochtones, dont l'appartenance ethnique est non blanche, peu importe son lieu de naissance »). L'objectif d'une telle classification est d'établir une différenciation entre les individus afin de donner la priorité au recrutement de ceux qui appartiennent à une minorité. L'État cherche ainsi à corriger les inégalités dont certains groupes sont ou ont été victimes et, donc, à promouvoir une égalité effective dans la société. Depuis les années 1980, l'emploi du terme « minorité » est devenu plus fréquent dans le discours public de plusieurs pays occidentaux. Cela s'explique pour deux raisons. D'une part, il est étroitement associé au paradigme du « multiculturalisme », qui remet en cause le modèle d'intégration par assimilation et valorise le pluralisme identitaire. Les minorités ethniques (formées par l'agrégation d'immigrants qui convergent sur un même espace national) et les minorités nationales (des communautés historiques et territoriales qui préexistent à l'État-nation ou qui n'ont pas participé à sa construction) acquièrent, dans ce contexte, de nouveaux droits et des ressources pour préserver, élargir et diffuser leur patrimoine culturel. Idéalement, l'identité différentielle deviendrait alors une identité affirmée et positive (ceux qui s'en réclament le font ouvertement et avec fierté) plutôt qu'une identité attribuée et négative (vue comme un écart par rapport à une identité jugée « normale » ou « naturelle »). D'autre part, l'usage accru du terme « minorité » relève des tendances de fragmentation sociale caractéristiques des sociétés postindustrielles. Ainsi, presque tout groupe peut s'affirmer comme une minorité, c'est-à-dire comme un ensemble d'individus défavorisés par la société en raison d'une «différence» significative qui n'est pas nécessairement de type «ethnique»: les handicapés, les homosexuels, les retraités, les sans-papiers, les fermiers, etc. Les groupes qui se présentent comme des minorités cherchent habituellement à obtenir de l'État ou de l'opinion publique une reconnaissance de leur souffrance actuelle ou passée, ainsi qu'un redressement de l'injustice qui est socialement commise à leur égard. Cette profusion d'identités particulières et en concurrence fait craindre à certains sociologues l'avènement d'une «société des minorités» où la cohésion sociale et les principes universalistes seraient grandement affaiblis.

L'affirmation des identités minoritaires est aussi corrélative à l'apparition des «nouveaux mouvements sociaux». Ceux-ci se distinguent des formes précédentes de mobilisation collective par l'importance de la subjectivité, la valorisation de l'autonomie et la mise en cause du contrôle social. Comme d'autres groupes d'intérêt, les minorités s'érigent en acteurs sociaux et s'expriment sur la scène publique. Leurs revendications peuvent aller de la demande de droits spéciaux (par exemple, la dérogation de certaines normes qui entravent l'exercice de leur liberté religieuse) à la révision de l'histoire enseignée dans les écoles (afin qu'elle reflète mieux la vision des groupes subalternes). Les associations de défense des droits des minorités sont aujourd'hui des interlocuteurs privilégiés des gouvernements lorsque ces derniers cherchent l'appui de la société civile à l'un de leurs projets. La mobilisation des groupes minoritaires soulève plusieurs problèmes de nature sociopolitique et éthique. D'abord, le fait d'accentuer le caractère distinct d'une identité ethnique ou culturelle comporte le risque de renforcer certains stéréotypes chez la majorité. Ensuite, le principe de représentation au sein des minorités n'est pas clair : les «leaders communautaires» ne sont pas toujours élus démocratiquement et proviennent souvent des secteurs les plus conservateurs. Enfin, puisque les identités sont de plus en plus conçues comme volontaires, changeantes et multiples, il est difficile de parler au nom d'«une» minorité d'origine asiatique, maghrébine, etc. Beaucoup de membres de ces minorités sont d'ailleurs ambivalents quant à leur identité différentielle. C'est notamment le cas des jeunes, ainsi que de ceux qui ont adopté un style de vie ou des valeurs incompatibles avec les traditions de leur groupe ethnoculturel d'appartenance.

La « troisième solitude »

Il existe un adage qui dit que «les juifs sont les canaris dans la mine de charbon». L'analogie se fonde sur l'idée qu'ils sont les premiers à subir des conséquences quand le climat social s'envenime. Alors que d'autres métaphores mettent l'accent sur la figure d'une victime expiatoire («tête de Turc» ou «bouc émissaire»), l'image du canari possède une connotation supplémentaire : l'air s'envenime pour tous. Bien qu'il soit possible de faire valoir que d'autres groupes sont devenus aujourd'hui les «canaris» de la société, il est hors de doute que les juifs ont longtemps incarné l'«Autre» à l'intérieur des pays à majorité chrétienne et qu'ils ont été tolérés, exploités, ségrégués, persécutés, expulsés ou exterminés au gré des besoins des élites, des humeurs collectives et des idéologies du jour. Mes grands-parents ont fui l'antisémitisme qui sévissait en Europe de l'Est avant la Seconde Guerre mondiale pour en retrouver en Argentine une version moins virulente, mais quasiment institutionnalisée. Comme la majorité des juifs de l'époque, ils se sont résignés au statut de citoyens de seconde classe. Au Québec, les rapports entre les francophones, massivement catholiques, et la minorité juive n'étaient pas faciles non plus. J'ai déjà fait référence aux accusations d'antijudaïsme que plusieurs adressent aux Franco-Québécois. Ce point de vue s'appuie généralement sur la présence, dans les années 1930 et 1940, d'une veine hautement réactionnaire dans le discours intellectuel et clérical canadien-français qui, à la différence de l'antisémitisme sournois caractéristique du monde anglo-canadien de l'époque, s'exprimait plus intensément dans l'espace public (même Pierre Elliott Trudeau, le père du multiculturalisme canadien, a écrit une pièce de théâtre au contenu explicitement antijuif, jouée devant les parents et les élèves du collège Jean-de-Brébeuf en 1938[41]). Il n'y a pas de doute que, dans ce contexte historique, « les idées fascistes étaient largement diffusées », comme l'indique l'historien René Durocher, et des périodiques catholiques, tels *La Vérité*, *La Semaine religieuse* et *L'Action sociale*, publiaient des textes ouvertement antisémites. Comme dans d'autres sociétés occidentales, les masses se crispaient et certains leaders attisaient la haine des étrangers et, tout particulièrement, des juifs. Durocher nous rappelle que « [en 1938] une pétition de personnes s'opposant "à toute immigration et spécialement à l'immigration juive" est remise au gouvernement canadien par la Société Saint-Jean-Baptiste. Elle compte... 128 000 signatures[42]! »

Le ressentiment des secteurs populaires trouvait une cible facile dans un groupe qui incarnait à la fois un statut enviable (plus haut dans l'échelle socioéconomique, plus proche des « dominants ») et une synthèse imaginaire des vices antichrétiens et décadents (les juifs sont "malhonnêtes et profiteurs" dans la pièce de théâtre de Trudeau). On peut dire que, dans la structure sociale de l'époque, la minorité juive jouait le rôle d'une « troisième solitude » – « jusqu'en 1948, c'est la communauté immigrante qui y est dominante sur le plan numérique[43] » – pour laquelle la majorité des francophones n'éprouvait que très peu de sympathie : ses membres parlaient l'anglais, ouvraient leurs commerces le dimanche et, comme le voulait le stéréotype, « prenaient de la place sans gêne ». Pire encore, ils étaient dépeints par les prêtres comme des agents de corruption morale, des profiteurs et, pour les plus radicaux, des « assassins du Christ ». Mais l'inimitié était réciproque. Aux yeux des immigrants juifs, les « Français » formaient un peuple visiblement infériorisé et, par définition, hostile. C'est en partie en raison des rapports malaisés entre ces deux communautés que plusieurs ont conclu à l'intolérance inhérente des Québécois envers les minorités en général et les juifs en particulier. L'écrivain Mordecai Richler a avancé ce type de thèse sur la scène publique : « En dépit de ce qu'ils disent quand ils affirment que nous sommes tous des Québécois, ils ne sont pas vraiment sincères. C'est une société tribale… Je regrette profondément que nous soyons enfoncés dans le bourbier du tribalisme[44]. » La renommée internationale de Richler a servi à donner de la crédibilité à cette lecture extrêmement biaisée du nationalisme québécois.

La minorité juive de Montréal existe depuis le XVIIIᵉ siècle, mais c'est dans les années 1880 que la vague d'immigrants en provenance de l'Europe de l'Est donnait naissance à une véritable vie communautaire, avec une pléthore d'institutions religieuses, éducatives et charitables. Le premier noyau de résidants juifs, arrivés avec le régime britannique, faisait partie de la classe commerciale de la ville. Les nouveaux arrivés, en revanche, allaient s'établir au Québec pour devenir artisans, petits marchands et professionnels. Comme dans d'autres contextes historiques, les juifs constituaient, à certains égards, un facteur de médiation entre les groupes en place. Voici comment Gabriel-Louis Jaray et Louis Hourticq, deux voyageurs français, les décrivaient en 1924 : « Ils ont choisi comme siège de leur activité économique une bande de terrain situé entre la partie anglaise et la partie française de Montréal, et là, sur le boulevard Saint-Laurent, dans le milieu de la ville, à cheval sur les deux éléments, ils exercent leur métier fructueux d'intermédiaires et de négociateurs[45]. »

Ces Juifs ashkénazes continueront à faire grossir les rangs de la communauté jusque dans les années 1930. Le gouvernement canadien arrêtera alors l'entrée des juifs au pays. Comme l'ont démontré les historiens Erving Abella et Harold Troper, les réfugiés du nazisme seront systématiquement refoulés par Ottawa[46]. Ce ne sera qu'en 1948 que le Canada leur ouvrira à nouveau ses portes, cette fois pour recevoir les rescapés de l'Holocauste. La vaste majorité des membres de la communauté juive s'intégrera à la minorité anglophone. Un débat existe encore autour des causes du phénomène. D'une part, il semble que les écoles de langue française, sous l'égide de l'Église catholique, auraient eu tendance à ne pas accepter les élèves de confession juive. Cette interprétation alimente, bien évidemment, l'image d'un peuple antisémite et replié sur lui-même. Certainement, les attitudes et les habitudes de l'époque faisaient en sorte que les juifs ne se sentaient pas les bienvenus dans ces milieux si homogènes et conservateurs. Les écoles anglaises protestantes les ont alors accueillis massivement, entraînant leur anglicisation quasi totale. Il faut préciser que le choix de l'anglais aurait probablement prédominé même si le système scolaire francophone s'était ouvert à eux. Déjà, à l'époque, l'anglais avait, aux yeux des immigrants, le statut de «langue de l'Amérique». Pourquoi, après avoir quitté la Russie, la Pologne ou l'Allemagne, auraient-ils adopté le français, parlé localement par une majorité «minorisée», socialement subordonnée et culturellement méprisée? Il ne faut pas non plus idéaliser l'accueil que les anglophones de Montréal ont réservé aux juifs: il est bien connu que ces derniers étaient exclus ou faisaient l'objet de restrictions dans plusieurs institutions universitaires et professionnelles de la minorité anglaise, dont l'Université McGill elle-même (par le biais de quotas, connus sous le terme latin de *numerus clausus*). Pour placer tout cela dans un contexte nord-américain plus large, signalons que, à la fin de la Seconde Guerre mondiale (alors que les troupes alliées libéraient les camps de la mort nazis), l'Ordre des odontologues et le journal scientifique des psychologues cliniques des États-Unis prônaient l'application de quotas afin d'empêcher qu'un certain «groupe racial» – une référence voilée aux juifs – ne «domine» leur profession[47].

Puis, à la fin des années 1950, des Juifs séfarades provenant du Maroc et d'autres pays du monde arabe se sont établis à Montréal, formant une communauté distincte, surtout francophone. Cette minorité au sein d'une minorité est à la fois plus religieuse et, à plusieurs égards, mieux intégrée à la société québécoise majoritaire. En fait, les rapports entre les ashkénazes et les séfarades ne sont pas exempts de frictions et, comme dans la société *at large*, la question linguistique contribue à l'incommunication entre les deux groupes (il est d'ailleurs intéressant de noter que certains estiment à environ 5 % l'appui des séfarades à la souveraineté ; bien que minime, ce chiffre marque une différence significative par rapport aux ashkénazes, dont l'appui se situe certainement en bas de 1 %). Cela dit, les immigrants juifs de toutes origines ont généralement fait preuve de mobilité sociale et ont développé un réseau institutionnel remarquable qui comprend, entre autres, des services hospitaliers, des écoles et des organismes d'assistance sociale. Bien que les quelque 80 000 juifs de la métropole résident dans plusieurs zones de l'île de Montréal, un nombre important d'entre eux se concentrent dans quelques quartiers et municipalités (Montréal-Ouest, Côte-des-Neiges, Notre-Dame-de-Grâce, Dollard-des-Ormeaux, Roxboro et Saint-Laurent) et ils forment la majorité de la population à Côte-Saint-Luc et à Hampstead. Mentionnons qu'une portion significative de la communauté juive de Montréal a quitté le Québec dans le cadre de l'« exode » des anglophones vers Toronto dans les années 1980 et 1990. Cependant, comme cela a été démontré souvent au moyen de sondages d'opinion en Amérique du Nord, les juifs paraissent toujours beaucoup plus nombreux que ce que l'on mesure dans les recensements (aux États-Unis, ils constituent environ 2 % de la population, mais les sondages montrent régulièrement qu'ils sont perçus comme représentant 10 %, 20 % et même 30 % du total[48] !).

La méfiance et, parfois, l'antipathie réciproque entre les juifs anglophones et les non-juifs francophones du Québec saute aux yeux de quiconque porte un peu attention aux médias. Une dimension de l'animosité des Franco-Québécois envers la minorité juive découle du conflit identitaire qui oppose les deux groupes linguistiques. Les juifs ont longtemps été identifiés aux « Anglais » et considérés comme « riches » par définition (un chroniqueur du périodique culturel *Voir* interpellait ainsi Richler dans le cadre d'une entrevue : « Vous vivez dans le passé, vous êtes nostalgique d'une époque où le pouvoir financier résidait dans les mains de l'élite anglophone juive[49] »). Gérald

Leblanc, que Richler a identifié publiquement comme l'un des «francophones antisémites» du Québec, a répondu à l'accusation en affirmant que «je n'ai rien dit contre les juifs, juste contre les juifs anglophones[50]». Cette boutade reflète parfaitement un préjugé courant: les juifs se seraient alliés aux «oppresseurs», à ceux qui «bloquent les aspirations de la nation québécoise». Il va de soi que cette vision simpliste est cohérente avec le stéréotype du juif «opportuniste», «matérialiste» et «rusé». Or, il est curieux de constater qu'un autre type de juif, qui ne partage aucun de ces traits, provoque également des réflexes négatifs chez bien des Franco-Québécois. Je pense aux Juifs hassidiques, particulièrement concentrés à Outremont. Cette secte ultra-religieuse – très minoritaire au sein de la communauté juive et dont bien des juifs se sentent extrêmement éloignés – rejette la modernité et mène une vie entièrement focalisée sur la spiritualité et la tradition. Ils réduisent au maximum leurs interactions avec le reste de la société et, de ce fait, ils ont acquis une réputation de «mauvais voisins»: «J'habite depuis plus de quinze ans dans le Mile-End jouxtant Outremont. Avant, c'était carrément à Outremont. Toutes ces années, j'ai été la voisine de Juifs hassidiques. Nos enfants n'ont jamais joué ensemble. Nous n'avons jamais voisiné. Aucun d'entre eux ne m'a jamais adressé la parole[51].»

Pour plusieurs, plutôt qu'un simple problème de civilité, le style de vie des Juifs hassidiques reflète leur refus absolu de s'intégrer à la société, la figure de l'étrangeté qui élit domicile sur «notre» territoire: «Mais Outremont est Outremont et la présence des Juifs hassidiques, qui n'ont jamais soigné leurs relations avec leurs voisins, a parfois créé des tensions. Les Hassidim, qui forment 15% de la population d'Outremont, ont des grosses familles et ils vivent repliés sur leur communauté. Leur différence heurte certains citoyens qui se sentent envahis[52].»

Peu importent ses habits anciens ou modernes, le juif était, est souvent, un élément qui dérange. Quand les juifs sont pleinement inscrits dans la vie sociale, ils peuvent susciter la rancune de ceux qui craignent une «infiltration»: les juifs «sont partout» – ils sont «surreprésentés» dans les universités, les professions libérales, la culture, l'industrie, le commerce, la finance, etc. – et ils deviennent «invisibles» (ce qui fonde le mythe du «complot juif mondial», comme le montre l'historien et politologue Pierre-André Taguieff[53]). Mais quand des juifs cultivent à l'extrême la «différence» – comme les Hassidim, avec leur apparence physique, leur code vestimentaire et leur comportement – et l'isolement, ils provoquent un malaise. D'une certaine manière, ils s'autostigmatisent et renforcent ainsi les préjugés dont ils sont l'objet («égoïstes», «fanatiques», «arrogants»). Le Québec est loin d'être le seul endroit au monde où abonde ce type de réactions négatives face à la minorité juive. Je crois que, dans la plupart des cas, cette attitude frileuse à l'égard des juifs découle de la difficulté qu'éprouvent nos sociétés à composer avec la figure de l'«étranger du dedans». Les antisémites existent dans tous les pays et le Québec a, sans conteste, son propre contingent (selon un sondage Léger Marketing, un Québécois sur trois a une opinion négative à propos des juifs[54]). Mais si l'on veut être juste, il est nécessaire de signaler un certain nombre de faits qui placent la société québécoise sous une lumière plus favorable en matière de traitement de sa minorité juive. Sur le plan historique, rappelons que le premier parlementaire juif de tout l'Empire britannique a été Ezekiel Hart, élu à Trois-Rivières en 1807. Plus près de notre temps, il faut insister sur les excellents rapports qui se sont tissés entre la communauté juive et le gouvernement provincial. L'intégration des juifs à la société québécoise se mesure également par le fait – malheureusement peu connu des Franco-Québécois – que la vaste majorité des juifs du Québec sont bilingues (les deux tiers d'entre eux maîtrisent l'anglais et le français) et plutôt laïques. Les souverainistes, dans leur démarche de construction d'un projet national inclusif, ont fait de nombreux gestes d'ouverture envers les juifs, même si certains militants ne voient pas cela d'un bon œil. Les cyniques diront que les juifs sont généreux quand vient le temps de lever des fonds pour les campagnes électorales et que les politiciens les ménagent pour des raisons d'intérêt ou de « relations publiques » (ils doivent contrer le soupçon d'antisémitisme qui reste toujours collé au nationalisme québécois). D'aucuns pensent que les autorités ont tendance à se soumettre aux diktats d'une « minorité toute-puissante ». S'exprimant sur le site de Radio-Canada, un citoyen s'indignait ainsi du fait que certaines photographies des camps palestiniens aient été retirées d'une exposition à la bibliothèque municipale de Côte-Saint-Luc en juin 2005 : « Encore une fois, la communauté juive de Montréal impose sa censure à la population. Les Québécois se jettent à plat ventre quand cette communauté fait entendre son tonnerre divin. Quelle pitié[55] ! »

Peu importent les motifs, la communauté juive trouve au Québec un environnement comparativement enviable. Par exemple, l'État québécois subventionne les écoles juives (la plupart des écoles privées reçoivent des subsides gouvernementaux) et il leur concède – souvent informellement – une très grande autonomie sur le plan des programmes d'enseignement (ces conditions sont pratiquement uniques dans le monde en dehors d'Israël). Enfin, il y a quelques années, le gouvernement québécois s'est concerté avec la communauté juive de Montréal pour faciliter l'immigration de Latino-Américains juifs au Québec, cela dans le but d'assurer le maintien démographique de cette minorité. Le lecteur ne sera pas étonné d'apprendre que ces gestes d'ouverture et de tolérance envers les juifs ont été vus par plusieurs comme relevant d'un favoritisme inacceptable. À propos de l'accord au sujet des immigrants juifs, qui visait à aider les nouveaux arrivants à s'intégrer à la société québécoise, un éditorial du journal Le Devoir a parlé abusivement de « sous-traitance » et de « filtrage » : « Qui peut offrir de tels services ? Les communautés les plus riches, à même d'ouvrir des bureaux à l'étranger. Que deviendra alors le candidat qui ne peut pas passer par ce premier filtre ? Ici, la question de la religion se pose puisque CJA [Combined Jewish Appeal, la coalition des organismes charitables de la communauté juive du Québec] ne recrute que dans la communauté juive[56]. »

Une semaine après cette «révélation» (ce type d'accord existait déjà depuis quelques années), *Le Devoir* publiait à la une du journal un autre scoop sur les juifs[57]. Une journaliste avait «découvert» une entente entre la CJA et Centraide qui donnait lieu à une collaboration que les deux organismes jugeaient pratique, logique et mutuellement profitable. Cet accord, signé en 1974 et renouvelé en 1999, était connu par bien des juifs et des non-juifs de Montréal. Il va sans dire que l'angle du reportage était «le traitement particulier» dont bénéficiait la communauté juive. Le reportage, sous le titre «Centraide verse un million à un organisme quarante fois millionnaire», affirmait que la CJA avait «notamment pour mission de soutenir Israël». Même si foncièrement injuste (Centraide se considérait avantagé par l'accord et la majorité des fonds de la CJA étaient canalisés vers le Québec), l'image d'un organisme philanthropique cher aux Québécois qui «donne de l'argent aux juifs» pour «soutenir Israël» était trop difficile à avaler et Centraide a annulé l'entente en question. Je cite cet événement comme un exemple d'une liste de plusieurs «scandales» qui, régulièrement, entachent l'image de la communauté juive du Québec. Attention, j'emploie le mot scandale entre guillemets, car en aucun cas on ne parle de corruption ou de vénalité. Dans chaque «révélation» – dont les plus récentes sont le «scandale» de la proposition de financement des écoles juives à 100% par le gouvernement en janvier 2005, le «scandale» du regroupement administratif des Centres de la petite enfance juifs en mai 2006 et le «scandale» de l'école juive orthodoxe Taldos Yakov Yosef qui ne respecte pas le programme du ministère en septembre 2006 –, le récit évoque toujours le même sous-entendu : le juif «influence» le gouvernement et les institutions pour obtenir un «traitement d'exception».

Certains lecteurs considéreront que je viens de faire une démonstration écrasante du penchant antisémite de la société québécoise. Il est en effet surprenant de voir à quel point la communauté juive du Québec fait l'objet d'un constant regard scrutateur. Parfois, j'ai l'impression que les médias québécois ont une véritable gourmandise pour les «scandales» qui touchent les juifs. On peut se douter que d'autres groupes de la société développent des liens particuliers avec les diverses instances gouvernementales et publiques, mais cela devient plus intéressant – ou choquant – quand c'est le fait des juifs. Pourtant, je persiste dans ma conviction que la société québécoise n'est pas plus intolérante que d'autres. Je note cependant une sorte de fascination à l'égard des juifs. Je l'ai d'abord remarquée durant mes premières années comme professeur à l'UQAM. Dans le cadre de mes cours sur le nationalisme, sur les identités et même sur la méthodologie de recherche, j'ai noté un phénomène fort curieux : presque sans exception, l'exemple des juifs ressort dans les séminaires de discussion. Il est vrai que beaucoup de réflexions et de débats sur les minorités et sur la discrimination portent sur les juifs et que ceux-ci constituent un cas particulièrement utile pour en illustrer certains aspects typiques. Mais ce n'est pas moi qui introduis le thème. Les étudiants en parlent spontanément. Généralement, l'allusion aux juifs implique un mélange de distance et de proximité, d'attirance et d'aversion, de familiarité et d'étrangeté. Je me suis alors demandé si les Franco-Québécois ne ressentiraient pas une certaine connexion – à la fois de rivalité et de ressemblance – avec les juifs. Ces «étrangers du dedans» leur retournent-ils une certaine image d'eux-mêmes? Sont-ils, en quelque sorte, «des frères ennemis»? Je ne suis pas le premier à avoir cette intuition. Selon l'ancien médecin de l'abbé Groulx, non seulement ce dernier «n'avait aucun sentiment antisémite sérieux», mais, au contraire, il «vantait souvent ce groupe pour son esprit de solidarité, de défense mutuelle, de promotion de ses intérêts, toutes qualités qu'il enviait pour son "petit peuple"[58]». L'historien Pierre Anctil, le grand spécialiste québécois de l'histoire des juifs de Montréal et de leurs rapports avec les Franco-Québécois, est convaincu que les deux groupes ont des «vies parallèles» et qu'ils «sont nés de formes douloureuses de minorisation historique, d'un sentiment de crainte de disparaître[59]». Même Richler – qui les voyait plus comme des «ennemis» et moins comme des «frères» – évoquait la méfiance partagée par les juifs et les «Français» (qui pouvait fonder, dans certains cas, un sens de solidarité) à l'égard des WASP, dont «on ne savait jamais ce qu'ils pensaient[60]». L'historien Morton Weinfeld, auteur d'un important ouvrage sur la minorité juive au Canada, croit que «même le plus farouchement fédéraliste des juifs ressent une sympathie viscérale envers les efforts français de *survivance*» (qu'il dit ressentir lui-même, en tant que juif du Québec[61]). Pour sa part, le sociologue Guy Rocher discerne dans la vieille logique de la survivance des Canadiens français l'imaginaire d'un «peuple dont le rôle en Amérique du Nord pouvait être comparé à une vocation qui n'était pas sans analogie avec celle du peuple d'Israël[62]». L'écrivain Jacques Godbout, quant à lui, fait dire à Patricia, protagoniste féminine (d'origine irlandaise et juive-tchécoslovaque), dans son roman de 1965 *Le couteau sur la table*: «Les juifs et les Canadiens français, au fond, se ressemblent[63]...»

Les parallèles sont, en effet, intrigants[64]. Pensons, encore une fois, au discours de victimisation qui, aux yeux des autres, ne correspond plus à la réalité actuelle: les juifs ne sont plus une minorité faible et vulnérable, les Franco-Québécois ne sont plus une minorité fragile et subordonnée. Il y a aussi la fierté (et le désir) d'être un «petit peuple» qui se dépasse et qui déborde ses propres limites, ce qui s'exprime dans le culte de l'«innovation» et de la «créativité», ainsi que dans l'image de soi comme pont entre les valeurs du passé et les défis de l'avenir. Enfin, signalons le sentiment d'appartenance à un groupe dont la survivance dans un environnement à la fois hostile et attrayant est la pulsion fondamentale: le risque de l'assimilation est vu comme un danger constant, comme une tentation perpétuelle, voire comme un «crime de lèse-communauté». À cet égard, l'historien Gérard Bouchard croit percevoir un jeu de miroir: «Le juif [serait] une sorte de Canadien français inversé qui aurait renoncé à une partie de son identité pour sortir de sa condition de défavorisé[65].»

Je vais conclure en rappelant la plus bizarre des tempêtes médiatiques concernant les juifs du Québec: celle qui a eu lieu en 2000 autour de l'«affaire Michaud». Le nationaliste bien connu Yves Michaud avait alors affirmé que «le peuple juif n'est pas le seul au monde à avoir souffert dans l'histoire de l'humanité» et, à l'occasion des audiences des États généraux sur la langue française, il avait indirectement ciblé la minorité juive en qualifiant le vote massif des résidants de Côte-Saint-Luc pour le NON au référendum de 1995 comme «un vote ethnique contre la souveraineté». Dans un geste unique dans l'histoire politique québécoise, l'Assemblée nationale a immédiatement adopté à l'unanimité une «motion de blâme» à son encontre. Le tollé qui s'en est suivi a été extrêmement révélateur à l'égard des tensions sous-jacentes qui caractérisent les rapports entre les juifs et les non-juifs au Québec. La mesure de l'Assemblée était, de toute évidence, démesurée et inacceptable et n'a servi, en fin de compte, qu'à confirmer chez beaucoup de francophones l'image des juifs «intouchables», sur lesquels rien de négatif ne peut être prononcé sur la scène publique. Entendons-nous bien. Michaud a aussi affirmé que l'organisation juive B'nai Brith du Canada, une institution qui depuis 1875, a pour mission la lutte contre l'antisémitisme, la discrimination et le racisme, est non seulement «antiquébécoise», mais aussi une «phalange extrémiste du sionisme mondial[66]». Son choix de vocabulaire était, pour le moins, troublant («le sionisme mondial», comme le démontre facilement une recherche sur Internet, est une expression typique du discours antisémite[67]). En effet, dans le cadre d'une poursuite en diffamation, le juge Antonio De Michele a considéré que, dans leur ensemble, les propos de Michaud «suscitent des sentiments défavorables et déplaisants à l'égard de la communauté juive du Québec[68]». Dans les médias francophones et, particulièrement dans les milieux souverainistes, la vaste majorité des commentateurs ont décrié fermement la «motion de blâme», en y voyant une manœuvre de censure indigne d'un régime démocratique. Alors que plusieurs ont tout de même réprouvé «sans hésitation ni réserve» les propos du «nationaleux de droite[69]», d'autres ont plutôt minimisé la portée des paroles de Michaud:

«[L]e Québécois dit de souche est, paraît-il, facilement envahi par un sentiment de culpabilité[70].» D'autres sont allés plus loin. Le journaliste Franco Nuovo a vu dans le geste de l'Assemblée nationale la réaction du «Québécois stigmatisé, apeuré, [qui] s'est mis une fois encore à trembler». En cédant aux pressions de la communauté juive, les souverainistes québécois auraient démontré qu'ils «préfèrent être applaudis par leurs adversaires plutôt que par les leurs». Comme d'autres souverainistes, Nuovo s'insurgeait et, dans la chaleur du débat, se permettait de faire une distinction malencontreuse entre «nous» et «eux»: «Et si un adversaire idéologique, comme cette fois l'antisouverainiste organisation B'nai Brith qui vise les individus pour atteindre le mouvement, brandit le spectre terrifiant du racisme, c'est l'affolement. [...] Il apparaît soudain plus important de plaire aux premiers qu'aux seconds. L'ennemi devient alors plus important que l'allié et la perception, plus essentielle que l'action. C'est grave[71].»

Avouons qu'il est difficile d'imaginer que la presse francophone pourrait adresser ce genre de discours hargneux aux représentants d'une autre minorité «ethnique» du Québec. Cependant, au-delà de ce type de dérapages, les juifs du Québec ont surtout été choqués d'entendre Michaud dire qu'ils n'ont pas le «monopole de la souffrance». Puisque personne ne peut raisonnablement prétendre cela, certains ont conclu que son but implicite était de banaliser l'Holocauste. Je ne veux pas spéculer ici sur les vraies motivations de Michaud. Ce que je retiens de la remarque est la mise en relation des deux souffrances: une sorte de concurrence de victimes s'est en effet insinuée dans le débat public autour de cette «affaire». Mais cela va plus loin: les deux camps semblent voués à déceler dans les discours et dans les agissements de l'autre les traces d'un déni de reconnaissance. Cette rancœur réciproque se superpose, comme je l'ai suggéré, à une affinité – diffuse et souvent inconsciente – entre les deux identités. Pour paraphraser l'expression «nègres blancs d'Amérique», doit-on conclure que les Franco-Québécois sont les «juifs catholiques du Canada»? Le lecteur trouvera sans doute que j'exagère. Certes, l'analogie est un peu forcée. Mais les similarités sont pourtant intéressantes. J'ai déjà évoqué le décalage entre l'autoperception de vulnérabilité et la perception externe d'influence excessive. Ainsi, par exemple, l'idée que les Franco-Québécois constituent une minorité qui extorque des privilèges et des traitements de faveur au nom de leur «faiblesse» et de leur statut de «victime» est assez courante au Canada anglais (et à l'étranger). Une chroniqueuse du journal *The Ottawa Citizen* écrivait ceci: «Beaucoup de gens dans ce pays croient que le Québec a trop d'influence et qu'il reçoit des privilèges indus de la part du gouvernement fédéral, au détriment des neuf autres provinces. À mon avis, ils ont raison la plupart du temps[72].»

Remplaçons quelques mots: «Beaucoup de gens au Québec croient que la communauté juive a trop d'influence et qu'elle reçoit des privilèges indus de la part du gouvernement provincial, au détriment des autres communautés culturelles. À mon avis, ils ont raison la plupart du temps.»

Cette phrase trafiquée pourrait être tirée directement du discours des «scandales». Comme des frères ennemis, les Juifs québécois et les Franco-Québécois rivalisent dans leur statut de minorité menacée qui réclame à la fois – souvent de manière contradictoire – l'autonomie et la protection. J'ai aussi référé au discours de la minorité victime que certains associent à un penchant paranoïaque et égocentrique. Il est fascinant de voir comment les deux minorités se comportent d'une façon étrangement semblable et, pourtant, à quel point elles sont incapables de se mettre à la place de l'autre. Quand Michaud a dit que le peuple juif n'est pas «le seul peuple au monde qui [a] souffert dans l'histoire de l'humanité», en mentionnant les Arméniens, les Palestiniens et les Rwandais, il a, selon plusieurs commentateurs dans les médias francophones, «énoncé des faits». Le même argument est souvent utilisé pour disculper Parizeau: l'allusion au «vote ethnique» et à l'«argent» est fondée sociologiquement (ce sont les allophones et les couches nanties qui ont voté massivement contre l'option souverainiste en 1995).

Or, cette perspective ne semble pas applicable lorsque le même type d'insinuation a pour objet les Québécois. Le Reform Party s'est servi, durant la campagne électorale de 1997, d'une publicité télévisée qui cherchait à capter le vote des gens de l'Ouest qui trouvaient que le Québec exerçait trop d'influence à Ottawa. Le message était le suivant : « Une voix pour tous les Canadiens, pas seulement pour les politiciens québécois. » Le vice-président du Mouvement souverainiste, Gilles Rhéaume, a aussitôt exprimé son indignation : « En fustigeant les politiciens québécois sur la base de leur origine, M. Manning diffuse des propos non seulement haineux mais absolument discriminatoires. Ladite publicité entretient un racisme grossier[73]. »

Du « racisme grossier » ? La publicité, agressive et de mauvais goût, ne faisait pourtant que souligner le fait que la politique fédérale peut difficilement fonctionner sans le vote des Québécois qui, très majoritairement, n'appuient que des politiciens issus du Québec. Les réflexes hypersensibles semblent définitivement constituer un trait commun des Franco-Québécois et des Juifs québécois. Les Anglo-Canadiens se demandent au sujet des Franco-Québécois, comme les Franco-Québécois se demandent au sujet des Juifs québécois : « Y a-t-il moyen de les critiquer sans se faire traiter de racistes ? » Continuons à parcourir la liste des affinités : l'obsession de la survivance – le but ultime est de ne jamais cesser de pouvoir dire « nous » –, l'insistance sur le « grand rêve » d'une « petite nation » – à réaliser en misant sur « nos valeurs » et « nos savoirs » – et la sacralisation de la mémoire, exprimée dans la devise « Je me souviens » des Franco-Québécois et par l'image de la « chaîne incassable » entre les générations juives. Il va sans dire que l'on peut trouver quelques-unes de ces caractéristiques dans d'autres groupes humains. Mais je n'ai pas perçu chez les Basques, les Catalans, les Écossais et les Portoricains – des « nations sans État » que j'ai eu l'occasion d'observer – les tensions, les ambivalences, les sensibilités, les « complexes » que les Québécois eux-mêmes attribuent à leur identité et qui, à certains égards, convergent avec certains traits fondamentaux de l'identité juive. Par une curieuse coïncidence, le matin même où j'écris les dernières lignes de ce chapitre, l'émission *Maisonneuve en direct* de Radio-Canada consacre un segment de sa tribune à la question juive. Décidément, au Québec, on ne se lasse jamais de parler des juifs! Face au lancement d'une campagne d'éducation par une coalition de non-juifs qui estime que le Canada fait face à une nouvelle vague d'antisémitisme, Maisonneuve trouve que «le problème [est] amplifié compte tenu de la réalité». Un auditeur va plus loin: on serait, encore une fois, devant «un réflexe exploité par des individus ayant le syndrome de la persécution[74]». C'est drôle. Quand je vivais au Canada anglais, j'ai entendu des dizaines de fois exactement le même type de jugement injuste et péremptoire, mais au sujet des complaintes et des revendications légitimes formulées sans cesse par les Franco-Québécois.

En guise de conclusion...

L'étude d'une société donnée consiste à souligner les aspects qui distinguent le cas singulier de la norme générale. Chaque communauté, comme chaque individu, est certes unique. Cette unicité est le résultat d'une confluence de déterminations, dont certaines sont relativement particulières et d'autres universelles. La plupart des problèmes et des défis auxquels est confronté le Québec ne lui sont pas exclusifs, et comme dans n'importe quelle autre société, nous sommes portés à surestimer leur caractère «exceptionnel». Je suis moi-même conscient d'avoir exagéré le poids des traits distinctifs de la société québécoise. Mais l'amplification des différences fait partie de tout dispositif d'argumentation: nous voulons attirer l'attention sur les contrastes et les points saillants de l'objet observé, car nous pouvons ainsi mieux saisir son «essence». Ce n'est pas d'une essence nationale – et encore moins «ethnique» – dont je parle ici, mais du noyau de sens que l'on cherche parfois à cerner avec des expressions comme «mentalité collective», «inconscient collectif» ou «personnalité collective». En d'autres termes, on prend une photographie qui fige et qui agrandit sa cible. À ceux qui trouveront «caricaturale» la description que je fais de l'identité québécoise (ou plutôt des identités qui cohabitent au Québec), je rappelle que la caricature, à son meilleur, est un outil puissant de provocation intellectuelle et de critique du sens commun et des idées reçues. Le Québec que «j'explique» aux immigrants n'est pas celui des constats et des mesures, mais plutôt celui que les étrangers perçoivent et déchiffrent, celui que les Franco-Québécois se remémorent, imaginent et songent à construire, celui que les communautés qui ne s'identifient pas à l'origine canadienne-française embrassent, rejettent et contribuent à refaçonner.

Le lecteur aura également compris que mon but n'a pas été d'apporter des réponses définitives ou de trancher dans les débats, mais plutôt de soulever des questions, de signaler des pistes de réflexion et de décrire les enjeux qui, à mon avis, sont au cœur du «vivre ensemble» au Québec. Comme je l'ai dit au départ, je propose ici une lecture particulière, avec laquelle d'autres – immigrants et natifs – ne seront pas nécessairement d'accord. Cependant, bien que j'aie essayé de donner à ce livre un style narratif et personnel, l'argument de fond s'appuie sur une structure d'analyse sociologique étayée en quatre étapes : 1) le Québec face au monde (son visage, ses spécificités, ses appartenances culturelles) ; 2) le Québec face à lui-même (son histoire, son identité, son imaginaire) ; 3) le Québec face au Canada (le rapport à l'«autre du dehors») ; 4) le Québec face à ses minorités (le rapport à l'«autre du dedans»). Le premier chapitre dépeint la rencontre entre l'*ailleurs* et le Québec. À cet effet, je me penche sur les conditions du *choix* que l'immigrant fait, sur ses premières impressions et sur les malentendus inévitables que provoque le contact entre le nouvel arrivant et la société d'accueil. En donnant la parole aux immigrants, nous avons accès à leur subjectivité et nous observons comment les attentes, les frustrations, les fantasmes et les préjugés façonnent leur expérience. Pour eux, le Québec est d'abord une énigme. L'homogénéité remarquable de sa «souche» les déconcerte, autant que le penchant social vers le changement et la fascination pour la nouveauté que ses habitants affichent. Les Québécois sont-ils ouverts ou fermés, tournés vers le passé ou préoccupés par l'avenir ? Comment caractériser cette société, comment la situer par rapport aux autres, comment la *classer* ? Tantôt elle semble tourmentée, voire étouffée par sa manie de l'introspection et de la mémoire, tantôt elle se place à l'avant-garde du progressisme et se réinvente sans gêne. J'ai avancé que, pour comprendre le Québec, il faut référer au «jeu identitaire» dans lequel il s'engage : j'ai formulé l'hypothèse d'une « latinité » qui viendrait s'additionner au substrat indiscutablement nord-américain de son identité. Rappelons que la « latinité » est ancrée dans l'Europe méridionale, mais elle se trouve historiquement liée au monde méditerranéen via la tradition gréco-romaine et les rapports avec l'ancien monde islamique. Une « américanité latine » conjugue le projet de créer une société neuve – l'idéal égalitariste du « Nouveau Monde » – avec une conception fortement communautariste de la condition humaine. Je vois les traces de cette filiation, par exemple, dans la manière dont les Québécois insistent sur la dimension culturelle et solidaire de leur vie collective (par opposition à l'individualisme emblématique du modèle « anglo-saxon »).

Dans le deuxième chapitre, je donne la parole aux Franco-Québécois et j'explore, parfois avec un peu d'humour, l'« âme » de ce peuple. Nous voyons tout de suite que la langue constitue l'élément clé de leur identité. Le non-Québécois a souvent de la difficulté à appréhender le rapport passionnel, voire existentiel du francophone à sa langue. Les discussions interminables sur la « qualité » du français parlé au Québec ne représentent que la pointe de l'iceberg : pour un Franco-Québécois, la langue est soudée à l'image de soi, à *ce que l'on a été et ce que l'on pourrait devenir*. L'immigrant peut certes rester indifférent ou même s'exaspérer devant le « psychodrame » linguistique qui tient lieu de sport national ici. Mais s'il veut véritablement faire partie de cette société, il doit faire l'effort de comprendre pourquoi le français *n'est pas qu'un moyen de communication*. Certaines attitudes apparemment irrationnelles – l'hypersensibilité devant la moindre critique, le rejet viscéral du bilinguisme, la fierté que d'aucuns affichent de ne pas « bien » parler le français – s'expliquent par un profond désir de survivance comme groupe. Cette volonté collective de perdurer dans le temps et de préserver l'héritage culturel pour les prochaines générations se traduit dans le dessein nationaliste, le thème du troisième chapitre. Encore une fois, je propose à celui qui ne se réclame pas de l'identité franco-québécoise de tenter d'échapper aux stéréotypes courants.

Je renvoie aux «récits idéologiques» qui sont mobilisés autour de la «question nationale». Ils simplifient et rendent cohérents les multiples dimensions historiques et sociopolitiques qui sous-tendent ce grand enjeu sociétal. L'objectivité et la neutralité absolues sont inatteignables, mais cela ne nous condamne pas à abandonner toute prétention d'équanimité. D'un côté, ceux qui refusent d'emblée la validité même d'un projet souverainiste s'auto-excluent d'un débat important et nécessaire. On peut bien s'y opposer, mais il faut admettre qu'une majorité de la communauté franco-québécoise se définit comme une nation et cherche démocratiquement et pacifiquement à construire un État autonome, soit-il pays indépendant ou inscrit dans une union confédérale avec le reste du Canada. Soulignons que l'ardeur avec laquelle ces Québécois poursuivent leur cause ne donne que très rarement lieu à des expressions d'intolérance. De l'autre côté, ceux qui s'offusquent devant la réticence des allophones et des anglophones à accepter le discours nationaliste ferment les yeux sur la réalité d'une société hétérogène et changeante. Les Néo-Québécois, conscients de la nette prédominance de l'anglais comme langue de la mondialisation, ont le droit de se demander pourquoi le bilinguisme paraît si menaçant aux francophones, alors que la proportion de la population québécoise ayant le français comme langue maternelle demeure assez stable depuis un siècle et que les immigrants sont, de toute façon, obligés d'envoyer leurs enfants à l'école française. Bref, les questions et les arguments des deux camps sont recevables et méritent une attention de l'ensemble des concernés. Les jugements expéditifs – les «ethniques» seraient «antisouverainistes», les Franco-Québécois seraient «xénophobes» – ne servent qu'à alimenter le discours des exaltés des deux camps, alors que nous avons tous à gagner d'une conversation publique sereine et respectueuse des différences.

Le quatrième et dernier chapitre est consacré à Montréal comme lieu privilégié de rencontre entre les diverses composantes de la société québécoise (à l'exception des peuples autochtones dont je ne traite pas dans ce livre) et, de manière plus générale, comme *point de contact* entre le Québec et le Canada. Certains voient la métropole comme le creuset d'une nouvelle société, un lieu de métissages et d'expérimentations, alors que d'autres la perçoivent plutôt comme le maillon faible de la lutte pour la survivance. C'est à Montréal que se concentrent massivement les minorités, allophones et anglophones. Montréal demeure amplement francophone – deux habitants sur trois ont le français comme langue maternelle –, mais son statut de ville globalisée et cosmopolite peut, bien évidemment, favoriser une anglicisation croissante à long terme. Cela veut-il dire que les propos alarmistes sont fondés – le français « recule », Montréal devient « bilingue » – ou bien devons-nous discerner dans ce genre de rhétorique l'angoisse d'un peuple qui ne se sent plus chez lui ? D'une part, l'univers anglophone a historiquement exercé à la fois une attraction et une répulsion chez les Franco-Québécois : s'assimiler veut dire se trahir spirituellement pour s'avantager matériellement. Il n'est pas étonnant que la résistance à l'anglais comporte des relents moralistes et invoque des scénarios apocalyptiques. D'autre part, la présence de l'« Autre » est toujours menaçante quand l'image de soi est chancelante. Chaque immigrant qui refuse d'embrasser le fait français pose, aux yeux de beaucoup de francophones, un geste de rejet de la québécitude. J'ai suggéré que, au Québec, tout se passe comme si la pulsion de survie se doublait d'une « honte de soi » qui peut s'activer dans l'interaction avec l'étranger. Dans le regard de ce dernier, on cherche la reconnaissance et l'on craint le déni. Comme la minorité juive, cette « troisième solitude » du Québec, la communauté franco-québécoise – longtemps infériorisée et stigmatisée – vacille entre le repli sur le statut de victime perpétuelle et l'affirmation véhémente et libératrice de son identité distincte.

Avec un taux de natalité exceptionnellement faible, les « Québécois de souche » redoutent le dépérissement démographique. Mais le « sang neuf » apporté par les immigrants ne vient pas toujours nourrir le tronc majoritaire. Les Franco-Québécois sont loin d'être les seuls en Occident à s'inquiéter d'une éventuelle «perte» de l'identité nationale, induite par l'intégration – ou plutôt par la non-intégration – des étrangers. Mais, ici, les choses se compliquent. Comme dans une poupée russe, les rapports majorité-minorité s'emboîtent les uns dans les autres: ainsi, les Franco-Québécois sont une minorité au Canada, une majorité au Québec et une minorité (ou un groupe parmi d'autres) dans plusieurs zones centrales de Montréal. Les identités et les droits des uns et des autres s'affrontent, se super-posent et, dans certaines situations, se minent mutuellement. Peut-on se sentir pleinement Montréalais, Québécois et Cana-dien, être trilingue et même «citoyen du monde»? Il semblerait que de plus en plus de jeunes – québécois et néo-québécois – sont à l'aise dans cet univers complexe et multidimensionnel. Mais souvent la plasticité culturelle extrême est le fait d'une individualité hyperdéveloppée et, en dernière instance, dénuée d'attaches collectives fortes. Pouvons-nous fonder une citoyen-neté sur ces bases? Ceux qui préfèrent une société politisée et qui considèrent le modèle de l'État-nation toujours viable et porteur de progrès social sont peu enthousiastes à l'égard du tournant «postmoderne». Pour eux, l'ère du «bricolage» iden-titaire marque la fin des grandes utopies collectives. L'idéal sou-verainiste serait, dans ce contexte, un véritable projet de société, pleinement politique et rassembleur. Plusieurs intellectuels québécois adoptent cette approche et élaborent des thèses phi-losophiques et sociologiques très sophistiquées. Ironiquement, ils arrivent à proposer la souveraineté du Québec, non pas pour sauvegarder l'identité franco-québécoise, mais pour sauvegar-der *la société tout court*: face aux dérives postmodernistes et néolibérales, un Québec indépendant serait un bastion de la politique – au sens quasi héroïque du terme – et de l'émancipa-tion collective. Je ne veux pas dévaloriser cette perspective – qui me semble convaincante à plusieurs égards –, mais il faut tout de même relever la prégnance des récits idéologiques dans ce type de discours. Les penseurs qui désirent dégager le nationa-lisme québécois de toute pesanteur ethnique ont, en effet, ten-dance à l'investir de toutes les vertus civiques et universelles de la Modernité. À mon humble avis, le projet souverainiste québécois est légitime même si, comme toutes les identités nationales, il comporte inexorablement un degré de clôture et de communautarisme. Ce sera dans le cadre d'une démarche démocratique que les Québécois choisiront, ensemble mais non pas unanimement, la voie de leur avenir commun.

Certains mots reviennent souvent quand on discute du Québec: ambiguïté, ambivalence, contradiction, indécision, incertitude. Sur le plan politique, le nombrilisme de la pensée se double, en effet, d'une paralysie de l'action. Devant cette réalité, les impatients sont nombreux. Les uns trouvent les Québécois tièdes, timorés, névrosés et ultimement incapables de s'entendre sur ce qu'ils veulent. « *What does Quebec want?* » se sont déjà exclamés les Canadiens anglais, agacés par les tergiversations de la politique québécoise en matière constitutionnelle. Certains ont même fini par crier « *Let them go!* » (qu'ils s'en aillent!). Les souverainistes « purs et durs » sont, eux aussi, contrariés par le manque d'assurance et d'audace des Franco-Québécois: « colonisé » et « docile », ce peuple ne semble jamais tout à fait prêt à les suivre dans la grande aventure indépendantiste. Cependant, bien des Québécois se plaisent dans cette éternelle indétermination, cet état de délibération permanent. En fait, on peut avancer l'hypothèse qu'une des raisons du remarquable dynamisme social et culturel de la société québécoise est justement cet « entre-deux » fécond et mobilisateur. Il s'agit du grand paradoxe du Québec: le blocage du projet national engendre une société mouvante qui s'interroge et se cherche infatigablement. Non seulement la « question nationale » ne réduit pas l'espace discursif, mais elle l'élargit et l'enrichit. La vitalité impressionnante du débat public québécois en est la preuve. Cela veut-il dire pour autant que ce sera par le biais du « dialogue », de l'« écoute » et de l'« ouverture à l'autre » que la paix et l'harmonie sociale seront un jour réalisées? Ne soyons pas naïfs. Comme le débat sur les « accommodements raisonnables » l'a montré dans ses excès rhétoriques, il est évident que la société québécoise est traversée par des tensions multiples et intenses. Les oppositions identitaires et idéologiques – fondamentalement irréductibles – resteront actives et donneront lieu, de temps à autre, à des moments de conflit et d'affrontement entre la majorité et les minorités. C'est en comprenant *comment* et *pourquoi* ces tensions existent – ce qui implique la reconnaissance du point de vue de l'autre – que nous parviendrons à vivre ensemble avec nos différences.

Notes

Notes du chapitre premier

1. Ministère de l'Immigration et des Communautés culturelles du Québec, « Tableaux sur l'immigration au Québec, 2001-2005 », mars 2006 ; Conseil du Trésor du Québec, « L'effectif de la fonction publique du Québec 2004-2005 » ; Caroline Touzin, « Crimes haineux en baisse à Montréal », *La Presse*, 23 mars 2006, p. A11.
2. Amin Maalouf, *Origines*, Paris, Grasset, 2004, p. 100.
3. Quand un exemple de discours n'est pas attribué, le lecteur doit comprendre qu'il s'agit d'un énoncé que j'ai composé sur la base de propos que j'ai entendus au fil de plusieurs conversations.
4. Brigitte Breton, « Nécessaire immigration », *Le Soleil*, 16 mars 2007, p. 20.
5. Jack Jedwab, « Canadians remain world leaders in openness to immigration : Tomorrow we mark international day for the prevention of racial discrimination », Association d'études canadiennes, 21 mars 2006.
6. « Canada has most positive image worldwide : Survey », *The Toronto Star*, 5 mars 2007.
7. « How the world sees the world », *The Anholt Nation Brands Index*, 3e trimestre 2005.
8. www.immigration-quebec.gouv.qc.ca/fr/langue-francaise/index.html.
9. www.forum.immigrer.com.
10. Ainsi que des travailleurs temporaires et des étudiants étrangers.
11. Filippo Salvatore, « Vive le Québec trilingue ! », *Le Courrier de l'Unesco*, juillet/août 2001.
12. Citoyenneté et Immigration Canada, Rapport annuel au Parlement sur l'immigration, 2005.
13. www.canadaimmigrants.com/forum.asp.
14. Alexandre Shields, « Les immigrants pourraient être plus heureux », *Le Devoir*, 1 mai 2007, p. A4.
15. François Berger, « Un grand trou dans l'immigration : Le tiers des immigrants en âge de travailler repartent du Canada », *La Presse*, 3 mars 2006.

16. Feng Hou et Garnett Picot, « La hausse du taux de faible revenu chez les immigrants au Canada », Statistique Canada, Direction des études analytiques, 19 juin 2003.

17. Radio-Canada, Première Chaîne, *La Tribune*, « Les immigrants et le marché du travail », 11 juillet 2006.

18. Jeff Heinrich, « Expats use right to return », *The Montreal Gazette*, 22 juillet 2006, p. A6.

19. « Un petit jardin protégé », *Courrier International*, n° 836, 9-15 novembre 2006, p. 13.

20. Pierre Anctil, « Défi et gestion de l'immigration internationale au Québec », *Cités*, n° 23, 2005.

21. Andy Riga, « Typical candidate is still male, white », *The Montreal Gazette*, 24 mars 2007, p. A8.

22. Brigitte Saint-Pierre, « Les musulmans sont mal vus par 40 % des Québécois », *Le Devoir*, 22 juillet 2006, p. A5.

23. Alan Hustak, « Do Quebec Catholics still believe ? », *The National Post*, 6 avril 2007.

24. Jeff Heinrich, « Lack of contact linked to intolerance », *The Montreal Gazette*, 21 mars 2007, p. A3.

25. Jacques Godbout, « Continuons le débat, il ne fait que commencer », *Le Devoir*, 23 septembre 2006, p. B5.

26. « Immigration : entre équilibre et contrôle », *Le Soleil*, 18 avril 2006, p. A23.

27. Statistique Canada, « Enquête longitudinale auprès des immigrants du Canada », 30 avril 2007.

28. Clairandrée Cauchy, « Les communautés de la nouvelle vague. Après le rêve, la dure réalité », *Le Devoir*, 22 décembre 2003.

29. www.forum.immigrer.com/index.php?showtopic=39575&hl=latins.

30. Jason Kirby, Martin Patriquin et Colin Campbell, « Le Deadbeat », *Maclean's*, 19 mars 2007.

31. Pour un commentaire intelligent sur ce type de discours, voir Don Macdonald, « Slacker nation », *The Montreal Gazette*, 21 octobre 2006, p. C1.

32. Bruce Crumley, « French Exodus », *Time Europe*, vol. 155, n° 23, 12 juin 2000.

33. www.sciencepresse.qc.ca/archives/quebec/capque0506c.html.

34. www.canadianheritage.gc.ca/progs/lo-ol/perspectives/francais/liens/FP03c.htm.

35. Office québécois de la langue française, « Les caractéristiques linguistiques de la population du Québec : profil et tendances 1991-2001 », 2005.

36. Pour le Québec et les États-Unis, j'ai recueilli les informations durant l'été 2006. Pour la France, je l'ai fait en mars 2007.

37. www.cbsc.ca/francais/decisions/decisions/1995/951206f.htm.

38. Lionel Groulx, *Directives*, Montréal, Les Éditions du Zodiaque, 1937, p. 174.

39. Michel Brunet, «Trois dominantes de la pensée canadienne-française: l'agriculturisme, l'antiétatisme et le messianisme», dans *La présence anglaise et les Canadiens*, Montréal, Beauchemin, 1958, p. 145.

40. Guy Rocher, *Le Québec en mutation*, Montréal, Hurtubise, 1973, p. 44.

41. Alexis de Tocqueville, *Cahier alphabétique A, Œuvres I*, Paris, Gallimard, 1991, «Voyage en Amérique», entrée du 28 août 1831.

42. Alain Noël, «Les valeurs québécoises», *Le Devoir*, 31 octobre 2000, p. A6.

43. Mathieu Perreault, «Moins d'incroyants au Québec», *La Presse*, 3 mai 2006.

44. «Sondage Ekos/CBC/SRC/La Presse/Toronto Star», *La Presse*, 22 février 2003.

45. forums.france2.fr/france2/toutlemondeenparle/Message-quebecois-sujet-11087-3.htm.

46. www.immigrer-contact.com/bestof_trib/pages/qbc_int_110.htm.

47. «Leur cabane au Canada», *Courrier International*, n° 836, 9-15 novembre 2006, p. 13.

48. Robert Laliberté, «La Querelle du Nouveau Monde», *Conjonctures*, n° 14, 1991.

49. Harold Schulten, *Courrier International*, n° 836, 9-15 novembre 2006, p. 14.

50. «La grande enquête sur la tolérance au Québec», Sondage Léger Marketing, 10 janvier 2007.

51. Sélim Abou, *L'identité culturelle*, Paris, Pluriel, 1981, p. 41.

52. Daniel Latouche, «Quebec in the Emerging North American Configuration», dans *Identities in North America. The Search for Community*, sous la dir. de Robert Earle et John Wirth, Stanford, Stanford University Press, 1995, p. 131.

53. À propos du Québec comme cas unique en raison de sa multiplicité identitaire, voir par exemple le livre de Gérard Bouchard, *Genèse des nations et cultures du Nouveau Monde*, Montréal, Boréal, 2000.

54. Les deux premiers chiffres proviennent d'un sondage effectué par la firme Impact Recherche pour le compte du Groupe de recherche sur l'américanité (*Le Devoir*, 9 mai 1998) et le troisième d'une enquête réalisée par Guy Lachapelle (*Le Devoir*, 21 novembre 1998).

55. «Allocution du premier ministre du Québec, Bernard Landry, à l'occasion d'une réception de bienvenue offerte aux représentants du Sommet des peuples des Amériques», Québec, 16 avril 2001.

56. Jean-Pierre Charbonneau, président de l'Assemblée nationale du Québec. Cité dans *Forces*, n° 117, 1997.

57. Entretien avec Joseph Facal (propos recueillis par Sabine Choquet et Yves Charles Zarka), *Cités*, n° 23, 2005.

58. Nathalie Petrowski, «Los Latinos del norte contre-attaquent», *La Presse*, 3 décembre 2003.

59. Daniel Gay, *Les élites québécoises et l'Amérique latine*, Montréal, Nouvelle Optique, 1983, p. 324.

60. Paul Sauriol, *Le Devoir*, 25 juin 1964, cité dans Gay, 1983, p. 190.

61. Alec Castonguay, *Le Devoir*, 10 avril 2004, p. A1.

62. René Bruemmer, «Quebecers pay with lives for smoking more», *The Montreal Gazette*, 12 avril 2007, p. A8.

63. Dianne Fagan, «Le Centre de traumatologie spécialisé du CUSM améliore les statistiques de mortalité», CUSM Ensemble, septembre 2006.

64. Taras Grescoe, *Sacré Blues. Un portrait iconoclaste du Québec*, Montréal, VLB éditeur, 2002.

65. Charles Taylor, *Grandeur et misère de la modernité*, Montréal, Bellarmin, 1992.

66. Gilles Bourque et Jules Duchastel, avec la collaboration de Victor Armony, *L'identité fragmentée : nation et citoyenneté dans les débats constitutionnels canadiens, 1941-1992*, Montréal, Fides, 1996.

67. Christian Dufour, «L'avenir des valeurs de type français dans le nouveau contexte mondial : regards croisés sur la France et le Québec», *Cités*, n° 23, 2005.

68. Victor Armony, «Des Latins du Nord? L'identité culturelle québécoise dans le contexte panaméricain», *Recherches sociographiques*, vol. 43, n° 1, 2002, p. 19-48.

69. Ce message a été envoyé le 1er juillet 2004. Je remercie M. Jean-Luc Crucifix, vice-président de Amitiés Québec-Venezuela de m'avoir permis de diffuser la question aux membres. Cette association a une page à l'adresse suivante : http://www.quebec-venezuela.org. Je suis, bien sûr, très reconnaissant aux personnes qui ont accepté de faire connaître leur point de vue.

70. Comme dans toute étude basée sur la participation à un forum sur Internet, on peut supposer que l'échantillon tend à être surtout composé de personnes de classe moyenne, scolarisées et avec des opinions arrêtées sur le sujet de la discussion.

71. Il s'agit d'un projet subventionné par le Conseil de recherches en sciences humaines (CRSH) du Canada. L'enquête, dirigée par Daniel Schugurensky de l'Université de Toronto visait à comparer la participation civique et politique des immigrants latino-américains. On a effectué à cette fin 100 entrevues à Toronto et 100 entrevues à Montréal. J'ai été chargé du travail de terrain à Montréal.

72. Voir, par exemple, cet extrait : « Mais s'il est un domaine où le Québec ne se distingue absolument pas, c'est bien dans ses liens à l'automobile : mêmes autos, même étalement, mêmes autoroutes, même signalisation. Et l'argument de la latinité québécoise fait sourire quand on pense à la pluriethnicité de Toronto ou New York, ou le poids des Hispaniques en Floride et en Californie. [...] il faudrait accepter le fait que le Québec est une partie intégrante de l'Amérique du Nord, une évidence trop souvent occultée. » (Alain Dubuc, « Les vrais choix de société », *Le Soleil*, 21 septembre 2001, p. D6).

Notes du chapitre II

1. J'avais consulté le *Dictionnaire des canadianismes* de Gaston Dulong, publié en 1989 par Larousse Canada. Dans les années 1990, plusieurs ouvrages sur le français du Québec ont été publiés. Certains ont une visée universitaire, alors que d'autres se veulent une initiation au parler quotidien des Québécois et font beaucoup de place aux expressions populaires, aux erreurs courantes et à la prononciation. Voir, par exemple : Jean Forest, *Anatomie du parler québécois*, Montréal, Tryptique, 1996, et Mario Bélanger, *Petit guide du parler québécois*, Montréal, Alain Stanké, 1997.
2. Novembre 2002. http://home.ican.net/~lingua/fr/chroniques/chron_48.htm.
3. Naïm Kattan, « L'arrivée », *Écrits du Canada français*, vol. XIX, 1965, p. 237-246.
4. Lionel Meney, « L'inquiétante hostilité québécoise au français », *Le Monde*, 19 mars 2005.
5. Jean-Paul Desbiens, *Les insolences du Frère Untel*, Montréal, Éditions de l'Homme, 1960, p. 17.
6. www.montrealamoi.com/archives_le-quebec-au-jt-de-france2.html.
7. www.voir.ca/actualite/popculture.aspx?iIDArticle=28666#commentaires.
8. Solange Lévesque, « Dis-moi de qui tu ris », *Cahiers de théâtre Jeu*, n° 55, 1990, p. 65-71.
9. Daniel Lemay, « Et si la "Petite Vie" de Pôpa et Môman montrait nos vraies angoisses ? », *La Presse*, 9 octobre 1993, p. E1.
10. Richard Therrien, « Rémy Girard, à la défense des Bougon », *Le Soleil*, 7 janvier 2004, p. B1.
11. Odile Tremblay, « Comme une petite honte... », *Le Devoir*, 12 août 2006, p. E6.
12. http://pat.blogue.canoe.com/pat/2006/01/16/nous_sommes_frileux_et_c_est_pas_seuleme.
13. Pierre Monette, « La littérature a fait la langue française », *La Presse*, 16 mai 2004, cahier Lectures, p. 10.

14. Michel Tremblay, *La duchesse et le roturier*, Montréal, Actes Sud, 1995, p. 89.
15. Julie Lemieux, «La langue de chez nous», *Le Soleil*, 6 mars 2005, p. C3.
16. Denise Bombardier, «Calamiteux», *Le Devoir*, 2 avril 2005, p. B5.
17. Josée Boileau, «Lisez-vous?», *Le Devoir*, 27 décembre 2006, p. A6.
18. Statistique Canada, «Alphabétisme et minorités de langue officielle», *Le Quotidien*, 19 décembre 2006.
19. Louis Cornellier, «L'anglicisme, voilà l'ennemi!», *Le Devoir*, 25 février 2006, p. F7.
20. Paul Roux, «Le vif désir de durer», *La Presse*, 20 novembre 2005, cahier Arts & Spectacles, p. 18.
21. Mario Bélanger, *Petit guide du parler québécois*, Montréal, Alain Stanké, 1997, p. 10.
22. L'exemple a été donné par Raymond Legault, vice-président de l'Union des artistes, lors du point de presse sur la problématique de l'industrie du doublage de films à l'Assemblée nationale, 6 décembre 2006.
23. Paul Cappon, *Conflit entre les Néo-Canadiens et les francophones de Montréal*, Québec, Les Presses de l'Université Laval, 1974.
24. Office québécois de la langue française. http://www.olf.gouv.qc.ca/charte/reperes/reperes.html.
25. Actes du Comité permanent des affaires autochtones et du développement du Grand Nord, 19 novembre 1999.
26. *The Montreal Gazette*, 21 juin 2005.
27. Marie-Joëlle Parent, «La loi 101, Who Cares?», *Le Journal de Montréal*, 17 juin 2006.
28. «La SSJB déplore le non-respect de la loi 101», *Presse Canadienne*, 17 juin 2006.
29. Josée Boileau, «Intraduisible», *Le Devoir*, 5 août 2006.
30. Office québécois de la langue française, «Précisions sur la situation du français dans les commerces du centre-ville de Montréal», 19 juin 2006.
31. Jacques Godbout, «Continuons le débat, il ne fait que commencer», *Le Devoir*, 23 septembre 2006, p. B5.
32. Philip Authier, «Come home to PQ, Boisclair urges sovereignty backers», *The Montreal Gazette*, 15 mars 2007, p. A8.
33. Gabriel-Louis Jaray et Louis Hourticq, *De Québec à Vancouver. À travers le Canada d'aujourd'hui*, Paris, Hachette, 1924.
34. Isabelle Rodrigue, «Les panneaux de Vimy seront remplacés», *La Presse*, 7 avril 2007, p. A25.
35. Steve Proulx, entretien avec François Avard, *Le Soleil*, 27 mars 2006, p. B1.
36. «Du Québec et du Canada», *Le Soleil*, 24 septembre 1994, p. F3.
37. Serge Fournier, «Capsule de chez nous», *Rabaska*, 23 avril 2001.

38. Jean-Marc Piotte, «Vivre en Québécois», *Conjonctures*, nᵒˢ 10-11, 1988, p. 48.

39. Amy E. Rowe, «An Exploration of Immigration, Industrialization, and Ethnicity in Waterville, Maine», thèse de premier cycle en anthropologie, Colby College, Maine, 1999.

40. Pam Belluk, «Long-scorned in Maine, French has renaissance», *The New York Times*, 4 juin 2006.

41. Hubert Aquin, *Point de fuite*, Montréal, Le Cercle du Livre de France, 1971. Citation tirée de: Denyse Delcourt, «"Parler mal" au Québec», Mondesfrancophones.com, 4 avril 2006.

42. Josée Legault, «Ending cultural gap won't kill separatism», *The Montreal Gazette*, 10 février 2006, p. A21.

43. Statistique Canada, *Le Quotidien*, 2 décembre 1997.

Notes du chapitre III

1. Lionel Groulx, «Le droit des petites nations à la vie», 1964.

2. Christopher Mason, «Immigrants Reject Quebec's Separatism», *The New York Times*, 13 mai 2007.

3. Philip Resnick et Daniel Latouche, *Réponse à un ami canadien*, Montréal, Boréal, 1990.

4. *Ibid.*, p. 16.

5. *Ibid.*, p. 128-129.

6. Pierre Avril, «Lévesque surpris par sa propre victoire», *Montréal Matin*, 16 novembre 1976, p. 2.

7. Pierre Serré et Nathalie Lavoie, «Le comportement électoral des Québécois d'origine immigrante dans la région de Montréal, 1986-1998», *L'année politique au Québec 1997-1998*, Montréal, Presses de l'Université de Montréal, 1998.

8. Bernard Descôteaux, «Affaiblir l'adversaire», *Le Devoir*, 26 août 2006, p. B4.

9. Deux enquêtes officielles ont été menées à terme afin d'investiguer ces irrégularités; la première, par le Directeur général des élections du Québec, Pierre F. Côté, sur les bulletins de vote rejetés (des plaintes ont été portées contre plusieurs scrutateurs, mais aucune tentative organisée de rejet de votes n'a été mise au jour); la seconde, par le juge Bernard Grenier, sur les dépenses d'Option Canada, un organisme financé par Ottawa (540 000 $ ont été dépensés en violation de la loi référendaire du Québec).

10. «Cheap shot at Quebec», *The Montreal Gazette*, 18 février 2004.

11. Gérard Bergeron, *Le Canada français. Après deux siècles de patience*, Paris, Seuil, 1967, p. 98.

12. Jocelyn Létourneau, *Que veulent vraiment les Québécois?*, Montréal, Éditions Nota Bene, 2006, p. 125.

13. Jean Dion, «Une grosse semaine», *Le Devoir*, 27 janvier 2007, p. B2.

14. Jean-Pierre Derriennic, «Comment savoir si une question est claire», *Le Devoir*, 8 septembre 1998.

15. André Pratte, «L'"affaire Lester" n° 3», *La Presse*, 22 novembre 2001.

16. «La FPJQ défend la liberté d'expression du journaliste», *Le Soleil*, 22 novembre 2001, p. A4.

17. «Plainte contre le *National Post*», Radio-Canada.ca, 18 août 2006.

18. *Le Devoir*, 17 août 2006, p. A6.

19. Don Macpherson, «Our politicians should show some reserve», *The Montreal Gazette*, 19 août 2006.

20. Biz, «Le dernier-né des délires de la droite canadienne», *Le Devoir*, 15 août 2006, p. A7.

21. Josée Legault, «Francophones unjustly labelled intolerant», *The Montreal Gazette*, 18 août 2006.

22. Josée Legault, «It was outrageous for *Globe* writer to attack Quebecers», *The Montreal Gazette*, 22 septembre 2006, p. A19.

23. www.immigrer-contact.com/bestof/pages/can_int_449.htm.

24. Marcel Rioux, *La question du Québec*, Montréal, Parti pris, 1976, p. 157.

25. «Michel Tremblay dit ne plus croire à la souveraineté», *Le Devoir*, 10 avril 2006.

26. René Lévesque, «Un Québec souverain dans une nouvelle Union canadienne», 15 septembre 1967.

27. René Lévesque, Présentation du Programme du Parti Québécois, «La solution», 1970.

28. René Lévesque, «Comment se fera l'indépendance», 1972.

29. Katia Gagnon, «Suzanne Tremblay remet en cause l'origine francophone de Charest», *La Presse*, 26 mai 1997, p. B4.

30. Donald Charette, «Suzanne Tremblay met Duceppe dans l'embarras», *Le Soleil*, 26 mai 1997, p. A2.

31. Point 1.1 de la Déclaration de principes du Parti Québécois, «Un projet de pays», 2005.

32. Jacques Beauchemin, *L'histoire en trop. La mauvaise conscience des souverainistes québécois*, Montréal, VLB éditeur, 2002, p. 18.

33. Gérard Bouchard, *La nation québécoise au futur et au passé*, Montréal, VLB éditeur, 1999.

34. Victor Armony, «Citoyenneté obligatoire ou volontaire?», *Le Devoir*, 5 septembre 2001.

35. Ariane Lacoursière, «Passe-droit pour un Juif hassidique», *La Presse*, 18 novembre 2006, p. A7.

36. Michel C. Auger, «Dérapage déraisonnable», *Le Soleil*, 20 novembre 2006, p. 7.

37. «Selon une étude de la firme Influence Communication portant sur la manière dont les médias traitent du multiculturalisme et des communautés ethniques [...], le Québec occupe maintenant le premier rang des provinces canadiennes où les phénomènes liés au multiculturalisme sont perçus négativement par les médias» (Mario Girard, «Intolérants, les Québécois? », *Le Soleil*, 14 janvier 2007, p. 11).

38. «Il y a trop d'accommodements raisonnables, estiment les Québécois», *Le Droit*, 29 décembre 2006, p. 19.

39. Kevin Dougherty, «Charest enters the fray», *The Montreal Gazette*, 9 février 2007, p. A4.

40. Elizabeth Thompson, «Accomodation debate out of hand, MPs say», *The Montreal Gazette*, 8 février 2007, p. A4.

41. Radio-Canada, 17 novembre 2006.

42. www.canoe.qc.ca (22 au 25 novembre 2006).

43. «Le policier chansonnier comparaît, le public réagit», *Le Droit*, 30 janvier 2007, p. 16.

44. Philippe Gouin, *Ça commence à faire, là*, 2006.

45. Des propos comme «ces races de demeurés qui ne sont même pas capable[s] de rester dans leur pays», «être blanc n'est pas qu'une simple question de couleur de peau, c'est aussi l'héritage, la culture», «on ne connaît pas d'Indien en science, en architecture, en médecine ou en quoi que ce soit, sauf pour la contrebande et la criminalité» et «les libéraux vive[nt] et survive[nt] grâce au[x] juif[s]; il[s] ont de l'argent et du pouvoir» n'ont pas été retirés par le modérateur de Canoë Infos, même après que je les ai portés à son attention. Ces expressions contreviennent pourtant à la «politique du forum» qui interdit «les propos discriminatoires, racistes ou sexistes».

46. Alexandre Shields, «Tempête "identitaire" au Québec», *Le Devoir*, 16 janvier 2007, p. A1.

47. Jeff Heinrich, «We're "slightly" racist, media poll concludes», *The Montreal Gazette*, 16 janvier 2007.

48. Josée Boileau, «Les accommodants», *Le Devoir*, 5 février 2007, p. A6.

49. Municipalité d'Hérouxville (MRC de Mékinac, Québec), «Les normes», sans date (2006), p. 4.

50. Le Canada ressort comme la société la plus tolérante envers les musulmans dans une étude internationale comparant 23 pays occidentaux (Randy Boswell, «Canadians object least to Muslim neighbour», *The National Post*, 7 février 2007).

51. José Woehrling, « L'obligation d'accommodement raisonnable et l'adaptation de la société à la diversité religieuse », *Revue de droit de McGill*, n° 43, 1998.

52. Pierre Bourdieu, *Raisons pratiques. Sur la théorie de l'action*, Paris, Seuil, 1994.

53. Josh Freed, « Let's look beyond the parkas and burqas : Hérouxville is a place we've all got in us », *The Montreal Gazette*, 3 février 2007, p. A3.

54. Alors que j'achevais ce texte, le gouvernement du Québec a annoncé la création d'une commission d'enquête sur les accommodements raisonnables, sous la présidence de Charles Taylor et Gérard Bouchard.

55. Gérard Bergeron, *Le Canada français. Après deux siècles de patience*, Paris, Seuil, 1967, p. 162.

Notes du chapitre IV

1. Propos de Dinu Bumbaru, directeur des politiques à Héritage Montréal, dans Mario Girard, « Embellir Montréal », *La Presse*, 18 mars 2005, cahier Actuel, p. 1.

2. Propos d'Yves Deschamps, professeur au Département d'histoire de l'art de l'Université de Montréal, dans l'émission « Un autre regard », Première chaîne de la radio de Radio-Canada, 30 janvier 2006.

3. Laurent Gloaguen, « Montréal, ville laide », *Embruns*, 20 mars 2005, http://embruns.net/quebec/montreal_ville_laide.html.

4. Jérôme Labrecque, documentaire « Montréal, ville laide », dans l'émission « Un autre regard », Première chaîne de la radio de Radio-Canada, 30 janvier 2006.

5. Propos de Lucie K. Morisset, professeure au Département d'études urbaines et touristiques de l'UQAM, dans Mario Girard, « Embellir Montréal », *La Presse*, 18 mars 2005, cahier Actuel, p. 1.

6. Marc Tison, « Le design qui fait vendre », *La Presse*, 10 juin 2006, cahier La Presse Affaires, p. 1.

7. André Désiront, « L'image de marque du Canada et de Montréal », *La Presse*, 10 mai 2006, cahier Actuel, p. 5.

8. *Wallpaper*, décembre 2000.

9. Louis-Gilles Francoeur, « Montréal, victime de l'auto », *Le Devoir*, 23 mai 2006, p. A1.

10. Alain Simard, « Montréal, métropole culturelle internationale », *La Presse*, 4 juin 2002, p. A13.

11. Philippe Mercure, « Pauvreté : un portrait montréalais », *La Presse*, 4 mars 2006, p. A3.

12. « Montréal en statistiques », Direction des communications et des relations avec les citoyens, Ville de Montréal, 2006.

13. Philippe Mercure, « Pauvreté : un portrait montréalais », *La Presse*, 4 mars 2006, p. A3.

14. Hugo Meunier, « Le palmarès des villes du Québec », *La Presse*, 17 juin 2005, p. A5.

15. Antoine Robitaille, « Le mystère Québec », *Le Devoir*, 2 septembre 2006, B3.

16. Anne-Marie Voisard, « Le "côté noir" de la capitale », *Le Soleil*, 14 novembre 2004, p. A2.

17. Isabelle Porter, « À la conquête de Québec », *Le Devoir*, 17 février 2007, p. B1.

18. Yves Beauchemin, « La recette impossible. 1 – Faire la promotion simultanée du bilinguisme et du français est aussi difficile que de préparer une salade de poulet… végétarienne », *Le Devoir*, 19 novembre 1996, p. A7.

19. Serge-André Guay, « Montréal pris au piège du multiculturalisme », *Le Devoir*, 28 juillet 2006, p. A8.

20. Mario Beaulieu, « Les objectifs du Mouvement Montréal français », http://montrealfrancais.info.

21. www.radiocanada.ca/radio/maisonneuve/20062006/74552.shtml.

22. Marc Gilbert, « Les Anglos serrent la vis », *L'Actualité*, vol. 30, n° 18, 15 novembre 2005, p. 38.

23. Peter F. Trent, « L'immolation bien inutile des villes fusionnées », *Le Devoir*, vendredi 9 mai 2003.

24. Valérie Dufour, « Le Westmount de Julius Grey – Plus bilingue et cosmopolite qu'autrefois », *Le Devoir*, 12 août 2002.

25. Nathalie Petrowski, « Les riches », *La Presse*, 12 septembre 1993, p. A5.

26. Jean-Robert Sansfaçon, « Perspectives : Le séparatisme anglo », *Le Devoir*, 21 juin 2004, p. A3.

27. G. DeWolf Shaw, « Say it ain't so, Jo », *The Montreal Gazette*, 28 août 2006, p. A18.

28. Claude Tourigny, « Les anglophones descendent des gradins », *Info-langue*, Office québécois de la langue française, automne 1999.

29. Paul-André Linteau, *Histoire de Montréal depuis la Confédération*, Montréal, Boréal, 1992.

30. Marie-Claire Blais, « Montréal contemporain », *Écrits du Canada français*, n° 41, 1978, p. 11-21.

31. Annick Germain, « Montréal : Laboratoire de cosmopolitisme entre deux mondes », juin 1997.

32. www.santepub-mtl.qc.ca/Portrait/nouvelle/14042003.html.

33. Louise Leduc, « Les Québécois méfiants face aux immigrants », *La Presse*, 21 mars 2001.

34. James Mennie, « While we're watching war coverage on TV, we lose track of wars at home », *The Montreal Gazette*, 6 septembre 2006, p. A6.

35. Clairandrée Cauchy, « Montréalais plus que Québécois », *Le Devoir*, 23 juin 2003, p. A1.

36. Gilles Gagné et Simon Langlois, « Les jeunes appuient la souveraineté et les souverainistes le demeurent en vieillissant », *L'annuaire du Québec 2006*, p. 450.

37. Louise Leduc, « Les limites du pluralisme », *La Presse*, 13 mai 2002.

38. « Extrait de la décision de la Cour supérieure », *La Presse*, 22 avril 2002.

39. René Bruemmer, « Thou shall not open council meetings with prayer », *The Montreal Gazette*, 26 septembre 2006.

40. Je reprends ici des éléments de l'entrée « Minorité » que j'ai rédigée pour le *Dictionnaire de l'altérité et des relations interculturelles* (sous la direction de Gilles Ferréol et Guy Jucquois, Paris, Armand Colin, 2003).

41. Max et Monique Nemni, *Trudeau. Fils du Québec, père du Canada*, Montréal, Éditions de l'Homme, 2007.

42. Luc Chartrand, « Le mythe du Québec fasciste », *L'Actualité*, 1er mars 1997, vol. 22, n° 3.

43. Antoine Robitaille, « Pierre Anctil : Le goy philosémite », *Le Devoir*, 12 octobre 1999, p. B1.

44. Maurice Girard, « Richler : les anglophones ont libéré la "tribu" francophone », *La Presse*, 12 mars 1992, p. A1-A2.

45. Gabriel-Louis Jaray et Louis Hourticq, *De Québec à Vancouver. À travers le Canada d'aujourd'hui*, Paris, Hachette, 1924.

46. Erving Abella et Harold Troper, *None is too Many : Canada And The Jews Of Europe 1933-1948*, Toronto, Key Porter Books, 2002.

47. Ellen Posner, « Anti-Jewish Manifestations », *American Jewish Year Book 1945-46*, Philadelphia, The Jewish Publication Society of America, 1945, p. 278.

48. Richard Nadeau, Richard G. Niemi et Jeffrey Levine, « Innumeracy About Minority Populations », *The Public Opinion Quarterly*, vol. 57, 1993.

49. Richard Martineau, « R.I.P. », *Voir*, 5 juillet 2001.

50. Gérald Leblanc, « Mordecai Richler se déchaîne contre le Québec français », *La Presse*, 17 septembre 1991, p. A1-A2.

51. Louise Cousineau, « Comprendre mes voisins, ce n'est pas encore pour demain », *La Presse*, 19 janvier 2002, p. D2.

52. Michèle Ouimet, « Se tenir debout », *La Presse*, 20 juillet 2001, p. A9.

53. Pierre-André Taguieff, *L'imaginaire du complot mondial*, Paris, Mille et une nuits, 2006.

54. « La grande enquête sur la tolérance au Québec », Sondage Léger Marketing, 10 janvier 2007.

55. « Controverse autour d'une exposition de photos de Zahra Kazemi » (émission *Maisonneuve en direct*), Première Chaîne de la radio de Radio-Canada, http://radio-canada.ca/radio/maisonneuve/07062005/57577.shtml.

56. Josée Boileau, « La chance à tous ? », *Le Devoir*, 25 octobre 2003.

57. Kathleen Lévesque, « Centraide verse un million à un organisme quarante fois millionnaire », *Le Devoir*, 1er novembre 2003, p. A1.

58. Jacques Genest, « À propos de Lionel Groulx et des Deux Chanoines – Des conclusions injustes à rectifier », *Le Devoir*, 7 juillet 2003.

59. Antoine Robitaille, « Pierre Anctil : Le goy philosémite », *Le Devoir*, 12 octobre 1999, p. B1.

60. Juan Rodriguez, « L'affaire Richler revisited », *The Montreal Gazette*, 25 septembre 2006, p. B4-B5.

61. Morton Weinfeld, *Like everyone else... but different. The paradoxical success of Canadian Jews*, Toronto, McClelland & Stewart, 2001, p. 6.

62. Guy Rocher, *Le Québec en mutation*, Montréal, Hurtubise, 1973, p. 45.

63. Jacques Godbout, *Le couteau sur la table*, Paris, Seuil, 1965, p. 92.

64. Je ne peux pas m'empêcher de faire référence à l'idée répandue dans certains milieux généalogistes qui veut que plusieurs ancêtres des Canadiens français soient d'origine juive. Il existe des indices documentaires et génétiques qui permettent de poser sérieusement cette hypothèse au sujet de plusieurs familles québécoises « de souche » (entre autres, les Bonin, Cardinal, Hamelin, Jacob, Lévesque, Martin, Parent, Vaillancourt). Pour les intéressés, le site web du projet sur les « Anusim canadiens » (les juifs convertis qui ont émigré vers la Nouvelle-France au xviie siècle) est le suivant : www.familytreedna.com/public/canadiananusim.

65. Pierre Anctil, Ira Robinson et Gérard Bouchard (dir.), *Juifs et Canadiens français dans la société québécoise*, Sillery, Septentrion, 2000.

66. « L'Assemblée nationale blâme Yves Michaud : Le Parti Québécois divisé », *Le Soleil*, 31 décembre 2000, p. A10.

67. À ce propos, j'ai écrit que « la réaction ferme et immédiate de Bouchard et Landry montrent qu'ils n'ont pas de difficulté à décoder le sens des propos de M. Michaud » (Victor Armony, « Acte de parole », *Le Devoir*, 19 décembre 2000).

68. Christiane Desjardins, « Yves Michaud est débouté en Cour du Québec », *La Presse*, 15 mai 2002, p. E2.

69. Michel Brûlé, « L'Affaire Michaud », *Le Devoir*, 21 décembre 2000, p. A6.

70. Louis O'Neill, «L'Affaire Michaud», *Le Devoir*, 19 décembre 2000, p. A7.
71. Franco Nuovo, «Les moutons québécois», *Le Journal de Montréal*, 24 décembre 2000.
72. Brigitte Pellerin, «My naughty list about Quebec», *The Ottawa Citizen*, 23 décembre 2004.
73. Pierre O'Neill, «La publicité réformiste s'inspire-t-elle de sentiments racistes?» *Le Devoir*, 27 mai 1997, p. A4.
74. www.radio-canada.ca/radio/maisonneuve/12092006/77562.shtml.

Table

Bernard Landry, *La cause du Québec*

Richard Langlois, *Requins. L'insoutenable voracité des banquiers*

Anne Legaré, *Le Québec, otage de ses alliés*

Josée Legault, *Les nouveaux démons. Chroniques et analyses politiques*

Yves Michaud, *Paroles d'un homme libre*

Rodolphe Morissette, *Les juges, quand éclatent les mythes. Une radiographie de la crise*

André Néron, *Le temps des hypocrites*

Stéphane Paquin, *La revanche des petites nations. Le Québec, l'Écosse et la Catalogne face à la mondialisation*

Jacques Parizeau, *Pour un Québec souverain*

Jacques Pelletier, *Les habits neufs de la droite culturelle. Les néo-conservateurs et la nostalgie de la culture d'un ancien régime*

Martin Petit, *Quand les cons sont braves. Mon parcours dans l'armée canadienne*

André Pratte, *Les oiseaux de malheur. Essai sur les médias d'aujourd'hui*

Michel Sarra-Bournet (sous la direction de), *Le pays de tous les Québécois. Diversité culturelle et souveraineté*

Serge Patrice Thibodeau, *La disgrâce de l'humanité. Essai sur la torture*

Toupin, Gilles, *Le déshonneur des libéraux*

Daniel Turp, *La nation bâillonnée. Le plan B ou l'offensive d'Ottawa contre le Québec*

Pierre Vallières, *Le devoir de résistance*

Pierre Vallières, *Paroles d'un nègre blanc*

Michel Venne, *Les porteurs de liberté*

Michel Venne, *Souverainistes, que faire ?*

Cet ouvrage composé en Garamond corps 11 a été achevé d'imprimer au Québec
le trente août deux mille sept sur papier Quebecor Enviro 100 % recyclé sur les
presses de Quebecor World à Saint-Romuald pour le compte de VLB éditeur.